LA

BONORUM POSSESSIO

SOUS LES EMPEREURS ROMAINS

depuis le commencement du IIe siècle jusqu'à Justinien exclusivement

PAR

JACQUES FLACH

AVOCAT

DOCTEUR EN DROIT.

PARIS

ERNEST THORIN, ÉDITEUR.

7, rue de Médicis, 7.

1870

LA

BONORUM POSSESSIO

SOUS LES EMPEREURS ROMAINS.

LA

BONORUM POSSESSIO

SOUS LES EMPEREURS ROMAINS

depuis le commencement du IIe siècle jusqu'à Justinien exclusivement

PAR

JACQUES FLACH

AVOCAT

DOCTEUR EN DROIT

PARIS

ERNEST THORIN, ÉDITEUR.

7, rue de Médicis, 7.

1870

STRASBOURG, TYPOGRAPHIE DE G. SILBERMANN.

A MONSIEUR IGNACE CHAUFFOUR

AVOCAT A LA COUR IMPÉRIALE DE COLMAR.

Hommage de mon profond et respectueux attachement.

J. FLACH.

TABLE DES MATIÈRES.

LA

BONORUM POSSESSIO

SOUS LES EMPEREURS.

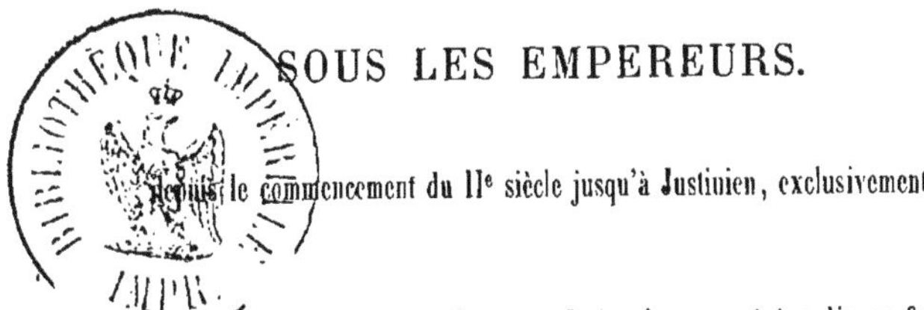

Depuis le commencement du IIe siècle jusqu'à Justinien, exclusivement.

> In nova fert animus mutatas dicere formas
> Corpora.
> (OVIDE, *Métamorph.*, lib. I, vers. 1, 2.)

INTRODUCTION.

1. La matière de la *bonorum possessio*, une des plus vastes et des plus curieuses du droit romain, est aussi une des moins explorées chez nous. Si jusqu'au commencement de ce siècle il en était de même chez nos voisins d'outre-Rhin, l'impulsion fut donnée alors, des recherches ardentes entreprises, de précieuses découvertes mises au jour. A peine pourtant si un écho lointain est venu nous apporter le bruit des discussions qui s'engageaient là-bas entre les jurisconsultes les plus éminents de la savante Allemagne. Hugo, Savigny, Huschke, Lœhr, Leist, Vangerow et d'autres en grand nombre cherchaient à dissiper les ténèbres qui planaient sur cette célèbre création des préteurs, épaissies de toutes les erreurs que plusieurs siècles avaient entassées. — C'est qu'aussi le

sujet n'était pas indigne de tant d'efforts! Dans quel autre apparaît plus frappant l'antagonisme si remarquable de l'ancien droit civil, rigoureux et sévère comme l'on aime à se représenter le vieux Romain, et du magistrat prétorien qui, prenant l'équité pour guide, voulait approprier aux besoins de son époque des lois devenues surannées? Où peut-on mieux suivre les progrès lents mais sûrs de cette législation nouvelle qui, sans paraître toucher à l'arche sainte du vieux droit, vient prendre la place des institutions primitives pour lesquelles on professait une vénération si grande, la transformation de la société civile à Rome, la substitution de la parenté naturelle à la parenté civile? Histoire et droit nulle part peut-être ne se trouvent plus intimement liés. — Que l'on ne cherche pas néanmoins dans ce travail plus qu'il ne renferme en réalité. Mon seul but a pu être d'étudier les transformations nouvelles que les empereurs firent subir à la succession prétorienne[1], la *bonorum possessio* à l'époque classique ayant fait pour moi l'objet d'une dissertation antérieure. C'est donc la deuxième partie d'un travail plus étendu que l'on a sous les yeux; mais comme ce qui va être dit ne se pourrait bien comprendre si l'on n'avait présente à la mémoire la théorie plus générale que j'ai développée ailleurs, je crois indispensable de donner un aperçu rapide de ce qui me

[1] J'ai même dû, pour ne pas trop allonger ce travail, m'arrêter à Justinien, et ne pas exposer l'état du droit sous cet empereur. C'est une lacune que je me propose de combler un jour, en faisant connaître le résultat de mes investigations sur les époques justinienne et post-justinienne, qui n'ont pas été comprises dans la présente étude.

paraît être l'origine de la *bonorum possessio* et des diverses phases par lesquelles cette institution a passé jusqu'au moment où nous la reprendrons, c'est-à-dire vers l'époque d'Adrien. Je dois faire remarquer encore qu'à l'exemple de plusieurs auteurs allemands j'ai exclu du plan que je me suis tracé la *bonorum possessio* dans les biens d'un affranchi, espérant que l'exposition de mon système, plus dégagé de détails, se présenterait avec une netteté plus grande.

2. La succession, à Rome, avait été enfermée par la loi des XII Tables dans les bornes les plus étroites et les plus gênantes. Quatre classes d'héritiers étaient seules appelées: les personnes instituées dans un testament, les *sui*, le *proximus agnatus*, les *gentiles*. Mais que l'on ne s'imagine pas que ces divers successeurs pouvaient venir au défaut l'un de l'autre. Par cela seul qu'au décès du D. C. il se trouvait un héritier dans une classe antérieure, tout espoir d'obtenir la succession était perdu pour les classes suivantes. L'appelé en premier ordre avait beau renoncer: rien n'y faisait, la succession une fois déférée ne pouvait l'être une seconde fois. Les inconvénients d'un pareil système n'ont pas besoin d'être longuement développés: tant que l'adition n'était pas faite (et l'héritier pouvait la différer à son gré), les créanciers, les pontifes, les légataires ne savaient à qui s'adresser pour obtenir, les uns le paiement de leurs créances, les autres la prestation des *sacra*, ceux-ci la délivrance des legs. Si l'héritier mourait alors, sans adition faite, ou s'il renonçait expressément, l'hérédité était vacante, le défunt n'avait pas de représentant de sa personne (et l'on sait pourtant combien les Romains tenaient à en avoir un!), en-

core qu'il se trouvât à des degrés ultérieurs des successeurs tout disposés à se mettre à la tête de l'hérédité![1] On ne tarda pas à s'apercevoir que cet état de choses présentait des dangers sérieux ; mais comment y porter remède ? La première idée qui vint fut de forcer la main à l'héritier, de le pousser à l'adition. Dans la succession testamentaire s'introduisit, à cet effet, l'usage de la *cretio*. Dans toute succession, on admit l'*usucapio pro herede*, qui empêcha dans une certaine mesure la vacance. Mais quand on voit une pareille institution prendre racine dans une législation, on doit se dire que celle-ci était bien vicieuse, et l'urgence d'y remédier bien grande ! Le remède fut en effet pire que le mal : dès qu'une succession était ouverte, toute personne, parente ou non du défunt, pouvait s'emparer d'un lambeau de son patrimoine et une possession d'un an la rendait héritière. Ce n'étaient donc plus les héritiers qui manquaient; mais les créanciers en étaient-ils plus payés pour cela ? Leur était-il possible d'atteindre tous les détenteurs d'objets héréditaires, et s'ils les atteignaient, de fixer leur part contributoire? — Quand il fut bien reconnu que l'innovation qu'on avait faite n'était pas heureuse, on chercha à lui donner un caractère différent. L'*usucapio pro herede* fut maintenue; mais au lieu de faire acquérir le titre d'héritier, son effet se restreignit à procurer au possesseur annal la propriété de la chose héréditaire qu'il détenait, même sans titre. Ainsi transformée, elle pouvait encore servir

[1] Ces inconvénients étaient atténués dans une certaine mesure par la circonstance que les *sui* étaient héritiers de plein droit, qu'ils le voulussent ou non ; mais cela ne saurait infirmer le raisonnement présenté au texte.

de stimulant pour l'héritier lent à se prononcer, mais elle enlevait aussi leur gage aux créanciers de la succession, qui n'étaient plus autorisés à poursuivre ceux au profit desquels la prescription s'était accomplie. D'un autre côté, dans le cas où l'héritier renonçait, comme dans celui où il mourait sans avoir fait adition, les choses en étaient ramenées au point où elles se trouvaient avant l'institution de la première *usucapio pro herede;* la succession devenait vacante.

3. La sollicitude du préteur découvrit enfin ce qu'on avait vainement cherché jnsque-là: un moyen de se dégager des entraves de la loi des XII Tables. Le préteur dit à l'héritier: « Si, dans un certain délai, vous venez me demander à être mis en possession de l'hérédité, je vous y mettrai : et vous obtiendrez ainsi contre les tiers possesseurs une arme d'un effet plus rapide que l'*hereditatis petitio*. Mais si vous laissez écouler le délai sans vous adresser à moi, je donnerai la possession provisoire à celui que le droit civil appelle immédiatement après vous, pourvu qu'il vienne me la demander. » La situation changeait ainsi complétement de face. L'appât d'un avantage certain d'une part, de l'autre la crainte du danger que pouvait entraîner l'envoi en possession d'un tiers constitué par le fait même possesseur de bonne foi, devaient engager l'héritier à ne pas différer son adition. En tous cas, s'il la retardait jusqu'après l'expiration du délai assez court fixé par le préteur, l'hérédité ne restait pas toujours sans maître jusqu'à ce moment ; un autre successeur pouvait devenir représentant intérimaire du défunt. Si maintenant l'héritier renonçait ou bien mourait sans avoir manifesté sa volonté, la vacance de la succession n'en était plus la suite : les clas-

ses ultérieures, qui jusque-là avaient été, en pareil cas, injustement repoussées de l'hérédité, en obtenaient la possession, si elles ne l'avaient pas encore, possession que le préteur maintenait envers et contre tous (il n'y avait plus d'*heres ex jure civili*), jusqu'à ce qu'elle se fût transformée en propriété véritable.

Le but du préteur peut se résumer en quelques mots: donner, dans le plus bref délai possible, un représentant, ne fût-il que provisoire, au défunt; — appeler à cette représentation, à défaut de l'héritier, ceux qui seraient les plus proches sans lui, et ainsi de suite; — assurer enfin à ces derniers la paisible possession de l'hérédité au cas où toute adition de l'héritier préférable serait devenue impossible, et de la sorte éviter à la fois la vacance de la succession et procurer tous les avantages du droit d'héritier à des personnes auxquelles la rigueur excessive de la loi civile ne laissait souvent que l'ombre de ce droit. Les preuves à l'appui de ce système, je les ai fournies dans la dissertation dont il a été parlé au commencement.

4. Plus tard, à fur et à mesure que l'on se familiarise avec l'institution naissante, celle-ci se développe : l'horizon s'élargit pour le préteur, il établit des règles nouvelles, il crée de nouvelles classes, timidement d'abord et en respectant l'ordre successoral déterminé par la loi; mais bientôt aussi il ne craint plus d'oser; il donne à des successeurs qui ne tiennent leurs droits que de lui un rang préférable à celui des héritiers civils. Pour bien voir la marche qu'il a suivie, jetons un coup d'œil sur les divers ordres de *bonorum possessores*.

5. Un testament se trouve à la mort d'une personne;

il semble réunir toutes les conditions exigées par le droit civil, mais il ne contient pas de *cretio*. Comment hâter l'adition de l'hérédité par le *scriptus?* Le préteur offre à celui-ci la *bonorum possessio secundum tabulas*, s'il fait l'*agnitio* dans le délai voulu. Mais puisque d'une part l'héritier testamentaire n'aurait guère trouvé d'avantage dans cette *bonorum possessio*, si on avait exigé de lui la preuve de la validité du testament, comme quand il intente l'*hereditatis petitio* (preuve d'ailleurs très-difficile à fournir), et que d'un autre côté le préteur ne pouvait pas mettre en possession toute personne qui se serait prévalue d'un soi-disant testament, on se contenta de vérifier certains points essentiels. Les sept cachets étaient-ils apposés sur le testament[1], le préteur voyait dans ce fait, qui impliquait la présence de sept citoyens romains, une garantie suffisante, une probabilité assez grande en faveur de la validité de l'acte. Plus tard il se montra plus rigoureux, il demanda de plus la preuve que le testateur était mort citoyen romain et *sui juris;* l'absence de ces deux qualités étant la cause la plus fréquente de nullité du testament. La *bonorum possessio* déférée d'après ces principes n'était pas toujours définitive: si une personne quelconque faisait apparaître d'un vice du testament, la *delatio* était censée n'avoir pas eu lieu, la *bonorum possessio* réputée *non data*, et offerte à

[1] C'était en tous cas un usage constant, si ce n'était pas une condition spéciale exigée par le droit civil, que le testament portât l'empreinte des sept cachets (celui des cinq témoins, du *libripens* et de l'*antestatus*, ou peut-être du *familiæ emptor*). Voy. *infra*, nos 20 et suiv.

l'héritier le plus proche *ab intestat*[1]. Mais le but du préteur n'en avait pas moins été atteint : l'hérédité avait eu un maître.

6. Si, au lieu de demander la *bonorum possessio*, le *scriptus* laissait écouler le délai, la première classe des héritiers *ab intestat* y était appelée. La délation était-elle faite à leur profit, l'héritier testamentaire ne pouvait plus faire valoir son droit qu'en intentant l'*hereditatis petitio*, qu'en rendant la *bonorum possessio sine re*, ce qui exigeait la preuve de la validité du testament, et empêchait toute délation ultérieure.

7. Nous avons dit que si un vice quelconque du testament était porté à la connaissance du préteur, la *bonorum possessio* devenait *non data :* naturellement elle n'était pas déférée si le préteur savait dès le principe que le testament n'était pas valable d'après le droit civil. Il y avait pourtant des causes de nullité d'une importance si minime qu'il pouvait paraître dur en certains cas de préférer des héritiers *ab intestat* à ceux que la volonté du testateur lui avait choisis pour successeurs! Ah! sans doute le préteur était impuissant à empêcher les héritiers civils de renverser le testament, mais au moins pouvait-il donner la *bonorum possessio* au *scriptus* jusqu'à ce qu'ils l'eussent fait, et le maintenir en tous cas à l'encontre des *bonorum possessores ab*

[1] Il faut bien se garder de confondre la *bonorum possessio non data* avec la *bonorum possessio sine re*. Celle-ci suppose l'exercice de la pétition d'hérédité; l'autre exige seulement la preuve fournie par toute personne que le testament est vicieux. La *bonorum possessio sine re* exclut toute nouvelle délation; la *bonorum possessio non data* donne ouverture aux droits des *bonorum possessores* suivants.

intestat qu'il avait créés. — Il le fit. — Quand un testament est *non jure factum*, à raison de l'inobservation de certaines formes non essentielles, telles que la solennité de la mancipation, la *nuncupatio* etc., ou *irritum* par suite d'une *minima capitis minutio* du D. C., ayant disparu de nouveau au moment de sa mort, ou *ruptum* par l'*agnatio* d'un posthume mort ensuite avant le testateur, ou enfin *injustum* à cause de l'omission d'un *suus* qui s'abstient; dans tous ces cas l'héritier institué n'en obtient pas moins la *bonorum possessio secundum tabulas*, sans qu'elle puisse devenir *non data* à raison de l'un des vices qui viennent d'être indiqués. Sans doute les héritiers *ab intestat* les plus proches pourront intenter la pétition d'hérédité et rendre la *bonorum possessio sine re*. Mais s'ils n'usent pas de ce moyen, le *scriptus* restera *bonorum possessor cum re*, et n'aura pas à craindre d'être inquiété par les autres successeurs prétoriens qui voudraient lui opposer la nullité du testament. C'est là la seconde phase de la *bonorum possessio secundum tabulas*, celle où on lui a donné le nom de *bonorum possessio supplendi juris civilis gratia*, par opposition à la *bonorum possessio confirmandi gratia* dont nous avons parlé en premier lieu, et de la *bonorum possessio corrigendi gratia* dont nous allons parler maintenant.

Cette dernière transformation, qui me paraît être uniquement l'œuvre des rescrits impériaux, diminua le nombre des cas où la *bonorum possessio* pouvait être rendue *sine re*. L'héritier institué dans un *testamentum ruptum*[1], pourvu qu'il eût obtenu la délation, fut

[1] Le mot *ruptum* entendu dans le sens où nous l'avons pris plus haut.

mis à l'abri de la poursuite des héritiers légitimes; celui institué dans le *testamentum non jure factum*, dont il a été question précédemment, fut maintenu dans sa possession, d'abord au regard seulement du *scriptus* d'un testament antérieur, valable d'après le droit civil, ensuite même à l'encontre des héritiers *ab intestat*, depuis un rescrit célèbre d'Antonin.

8. S'il n'existait pas de testament, ou s'il en existait un, mais que sa nullité fût certaine d'après le droit civil, les *sui* obtenaient immédiatement la *bonorum possessio unde sui;* n'y avait-il pas de *sui*, le *proximus agnatus* était appelé; n'y avait-il ni *sui*, ni agnats, la délation pouvait avoir lieu au profit des *gentiles*. Dans tous ces cas, la *bonorum possessio* était *cum re*, le *bonorum possessor* à la fois successeur prétorien et héritier civil.

9. Si, au lieu de manquer complétement dans une classe, les héritiers laissaient seulement passer le délai que le préteur leur avait assigné, ceux de l'ordre suivant pouvaient faire l'*agnitio*[1], mais leur *bonorum possessio* n'était *cum re* que si les héritiers légitimes renonçaient ou mouraient avant l'adition (ce qui n'était pas possible pour les *sui*).

10. C'était là le premier système, moulé sur le droit civil, que le préteur avait admis dans la succession *ab intestat;* mais il ne répondait pas entièrement au double but qu'il devait réaliser. Les ordres des héritiers siens et

[1] Ce droit ne devait pas appartenir aux agnats quand les héritiers siens négligeaient de demander la *bonorum possessio*; ceux-ci étant de plein droit représentants du défunt. Au moins dut-il en être ainsi avant que la *beneficium abstinendi* eût été introduit (cf. Paul, *Sententiæ recept.* IV, 8, § 5).

des agnats étant appelés *unde legitimi*, le préteur ne pouvait déférer la *bonorum possessio* qu'au *proximus agnatus*. Mais alors s'il y avait des agnats à plusieurs degrés, le plus proche ne demandant pas la *bonorum possessio* ou renonçant même, les autres n'en étaient pas moins écartés entièrement de la succession. De plus, la délation au profit des *gentiles* n'était pas possible, puisqu'après le *proximus agnatus*, les héritiers les plus proches ce n'étaient pas eux, mais les agnats restants. Pour parer à ces inconvénients qui rappelaient ceux que l'introduction de la *bonorum possessio* avait eu pour but de faire disparaître, que fit le préteur? Il permit aux agnats plus éloignés de faire l'*agnitio*, en vertu du lien de *cognation* qui les unissait au défunt : il institua pour eux un ordre nouveau, qu'il plaça après celui du *proximus agnatus*, l'ordre *unde proximi cognati*. Mais ceci le força à faire un pas de plus, à appeler tous les cognats dans ce même ordre, et dans un ordre subséquent le conjoint survivant, *unde vir et uxor*. Seulement la *bonorum possessio* déférée à ces deux dernières classes de personnes pouvait être rendue *sine re* par les *gentiles*, ce qui n'avait pas lieu pour celle des agnats.

11. Le système de la succession prétorienne *ab intestat* fut complet quand le préteur eut créé encore une classe de *bonorum possessores* ayant le pas sur les héritiers civils, celle des *bonorum possessores unde liberi*. L'origine de cette classe nouvelle se rattache à la *bonorum possessio contra tabulas*, dont il nous reste à parler. Nous voyons ainsi qu'*ab intestat*, comme dans la succession testamentaire, le développement de la *bonorum possessio* a été le même : instituée *confirmandi gra-*

tia, elle devient *supplendi gratia* plus tard, elle est en dernier lieu *corrigendi gratia*.

12. Une fois que la *bonorum possessio* fut définitivement entrée dans les mœurs, qu'on se fut habitué à la voir marcher de pair avec l'hérédité, le préteur dut y recourir aussi pour corriger des imperfections du droit civil différentes de celles qui la lui firent introduire. Ce fut à raison d'une imperfection de cette espèce que la *bonorum possessio contra tabulas* prit naissance.

Tous autres descendants siens que le fils au premier degré pouvaient, d'après le droit civil, être exhérédés *inter ceteros*; leur omission même laissait subsister le testament: on leur accordait seulement, dans ce cas, tantôt une part virile, tantôt la moitié de l'hérédité. Au contraire, si un *filius suus* n'avait pas été exhérédé *nominatim*, tout le testament tombait. Cette distinction avait perdu sa raison d'être; elle se justifiait d'autant moins que tous les posthumes rompaient indifféremment le testament s'ils avaient été omis et que le même effet était produit par l'*agnatio* d'un posthume *masculini generis* quelconque, non exhérédé *nominatim!* Grâce à la *bonorum possessio contra tabulas*, cette anomalie disparut enfin; les mêmes avantages furent donnés aux *sui* qu'aux posthumes. Quand un héritier sien avait été omis, ou seulement exhérédé *inter ceteros*, s'il était *masculini generis*, le préteur lui déférait la *bonorum possessio contra tabulas*, le testament était rescindé; non complétement il est vrai[1], mais autant qu'il le fal-

[1] Mais si c'est un *filius suus* qui demande la *bonorum possessio contra tabulas*, comment peut-on dire que le testament subsiste en partie? N'est-il pas nul de plein droit? — Certainement; aussi la *bonorum possessio contra tabulas* donnée au *filius suus* a-t-elle

lait pour que le *bonorum possessor* n'eût pas un avantage moindre que le *filius suus* omis, d'après le droit civil.

Les descendants en puissance devaient faire songer le préteur à ceux qui y avaient été et qui équitablement devaient être assimilés aux premiers : cette assimilation fut faite par lui; tous les *liberi* restés ou non dans la puissance du testateur furent appelés à la *bonorum possessio contra tabulas*. Principe nouveau et fécond dont nous trouvons une application dans la *bonorum possessio commisso per alium edicto,* et dans la *bonorum possessio unde liberi.* Celle-ci fit venir avant tous autres à la succession *ab intestat* tous les descendants, sans distinction, du défunt.

13. Disons quelques mots encore de la nature générale de la *bonorum possessio.* Un des principaux buts du préteur, quand il a créé cette institution, ayant été de mettre quelqu'un à la tête de l'hérédité, il lui importait assez peu que son élu fût ou non héritier; il lui suffisait, en attendant que l'*hereditatis petitio* fût intentée, de lui assurer les avantages de cette qualité : faire plus, ç'aurait été dépasser les limites du pouvoir qui lui était départi. Il attribua donc la possession de l'hérédité à son successeur : il le pouvait d'autant mieux faire qu'il était le grand régulateur en matière de possession. Sauf la stabilité immédiate du titre, qu'avait-il, du reste, à envier à l'héritier, celui qui devenait possesseur en vertu de l'édit? Il n'avait pas la propriété des biens héréditaires, mais il pouvait l'acquérir par usucapion; et sa

un caractère qui la sépare profondément de celle des autres héritiers siens. C'est une véritable *bonorum possessio unde liberi.* Il m'est impossible de développer ici cette thèse importante.

possession était protégée contre tout autre que l'héritier légitime, bien plus elle l'était contre cet héritier lui-même en cas de *bonorum possessio corrigendi gratia!* Il n'était pas héritier, mais il n'en pouvait pas moins intenter *ficto se herede* toutes les actions du défunt contre les tiers. Il n'était pas héritier et n'avait pas l'*hereditatis petitio*, mais que lui importait? Contre les créanciers il se servait des actions fictices dont il vient d'être parlé, contre les détenteurs de biens héréditaires d'un moyen spécial, créé en sa faveur, de l'interdit *quorum bonorum.* Avec cet interdit il triomphait contre l'héritier lui-même[1], car il lui disait : « Je ne vous conteste nullement votre titre, mais le préteur m'a permis de prendre possession de l'hérédité, et vous êtes obligé de vous soumettre à sa décision; on ne vous enlève pas votre droit à la succession, mais on vous demande de le faire valoir par l'*hereditatis petitio.* » — A raison de ce caractère, l'interdit était même utile à l'héritier : si un tiers détenteur lui contestait sa qualité, il n'avait pour l'emporter qu'à se référer à la *delatio* qui lui avait été faite; tandis qu'en intentant la pétition d'hérédité, il était obligé de prouver la réalité de son titre, ce qui n'est pas toujours chose facile.

[1] Gaius, IV, § 144.

BIBLIOGRAPHIE.

14. A ce tableau rapide de l'origine et du caractère primitif de la *bonorum possessio*, j'ajouterai l'énumération des principaux ouvrages qui traitent de cette institution, soit au temps des jurisconsultes classiques, soit sous les empereurs. Je ne cite en général que ceux que j'ai pu consulter dans le cours de mon travail et où j'ai trouvé sur notre matière des développements d'un certain intérêt, au moins eu égard à l'époque à laquelle ils remontent. On ne doit pas s'attendre, du reste, à l'indication fastidieuse de ceux des *Lehrbücher*, *Systeme*, *Beiträge*, des auteurs allemands qui ne présentent point d'aperçu nouveau sur la *bonorum possessio*.

§ 1er. DU XIe AU XVIIIe SIÈCLE.

I. TRAVAUX DU XIe ET XIIe SIÈCLE.

PETRI *exceptiones legum Romanorum*[1], liv. I, cap. 6-17 (Savigny, *Histoire du droit romain au moyen âge*, trad. Guenoux, II, p. 309 et suiv.).

Glose sur les Institutes, tirée d'un manuscrit de la *Bibliothèque de Turin*, nos 315-330 (Savigny, *op. cit.*, p. 288 et suiv.).

Brachylogus juris civilis, sive corpus legum[2] (Senckenberg, Francof. et Lipsiæ 1743, lib. II, cap. 34, p. 112 et suiv.).

[1] Ce recueil date, suivant M. de Savigny, de la seconde moitié du onzième siècle, et fut composé sur le territoire de Valence, alors au pouvoir des Francs. La première édition parut à Strasbourg en 1500 (cf. Savigny, *Histoire du droit romain au moyen âge*, II, p. 109 et suiv.).

[2] M. de Savigny place la rédaction de cet ouvrage en Lombardie, au commencement du douzième siècle, et incline à regarder Irnérius comme en étant l'auteur (Voy. *op.*, *cit.* II, p. 204-220).

II. ÉCOLE ITALIENNE.

A. *Glossateurs* (XIe, XIIe, XIIIe siècle).

PLACENTINUS († 1192), *Summa Codicis,* ad. tit. *Qui admitti ad bon. poss.*, 6, 9 (Mayence 1536).

ROGERIUS († 1192), *Summa ad Codicem*, ad. tit. II, lib. 8 (Savigny, *Geschichte des römischen Rechts im Mittelalter*, IV, 2e éd. 1850, p. 529, 530).

ROFFREDUS EPIPHANII († 1243), *Lectura in Codicem*, ad tit. *Qui admitti* (Cologne 1614).

AZOLINUS († 1230), *Lectura sive Comm. ad sing. leg.* XII *libr. Cod.*, tit. *Qui admitti* (Paris 1577).

ACCURSE († 1260), *Glosæ ad eumd. tit. Cod.* — *Digest.*, ad lib. 37, 38.

ODOFREDUS († 1265), *Lectura in* XII *libr. Cod.*, ad tit. *Qui admitti* (Lyon 1550).

B. *Bartolistes*[1] (XIVe et XVe siècle.)

CINUS A PISTOIA (1270-1336), *Lectura super Codice et Digesto*, ad tit. *Unde legitimi* (Lyon 1547).

BARTOLUS A SAXOFERRATO (1314-1357), *Comment. in Codicem*, ad tit. *Qui admitti* (Venise 1615).

BALDUS DE UBALDIS (1327-1400), *Comm. in Digest.*, lib. 37, 38; *Comm. in Codicem*, lib. VI, tit. 9, 10, 11 etc. (Lyon 1558).

BARTHOLOMEUS DE SALICETO († 1412), *Comm. in Codicem*, ad tit. *Qui admitti* (Lyon 1549).

PAULUS DE CASTRO († 1441)[2], *Comm. in Digest.*, lib. 37, 38 (Venise 1575); *Comm. in Codicem*, ad tit. *Unde legitimi* (Lyon 1585).

TARTAGNUS (1424-1477), *Comm. in Codicem*, ad tit. *Qui admitti* (Turin 1575).

JACOBUS DE NIGRIS, *De bonorum possessione tractatus* VIII (Lyon 1533).

[1] *Verbosi in re facili, in difficili muti, in angusta diffusi.*

[2] Que Cujas ait pu dire : « *Si quis Paulum de Castro non habet, tunicam vendat et emat,* » on ne le comprend plus aujourd'hui en lisant les œuvres de ce jurisconsulte.

Bellonus (Nic.), *Tractatus in Rubr. Cod. Qui admitti* (Bâle 1544).

Ronchegallus (Gioldus), *Interpretatio in titul. Inst. De bon. possessionibus* (Florence 1548).

Ricciardus (Petr.)[1], *Commentatio in subtiles ac admodum illustres materias de bon. possessionibus, de legat. et leg. adempt.* (Carmagnole 1586).

C. *Jurisconsultes italiens des* XVIe *et* XVIIe *siècles.*

Alciat (1492-1550), *Paradoxa*, II, 13; IV, cap. 4, 6 (Bâle 1523).

Fachinæus[1] *Controversiarum juris libri* XIII, lib. V, cap. 72-76, p. 407 et suiv, lib. VI, cap. 58-59, p. 480; lib. XIII, cap. 29, p. 1021 et suiv. (Cologne 1678).

Gentili (Scipio), (1563-1616), *De jurisdictione,* lib. I, cap. 21 et suiv. (Francfort 1601).

III. ÉCOLE FRANÇAISE.

Duaren (1509-1559), *Comment.*, in tit. *De bon. poss.*, p. 765 et suiv. (Lyon 1584).

Antoine Leconte (Contius), (1517-1586), *Liber singularis de heredit. et bonorum possessionibus quæ ab intestato deferuntur*, dans ses *Opera omnia, collecta studio Merillii* (Paris 1616), p. 279 et suiv.

Cujas (1522-1590), *Paratitla in Pandectas,* ad tit. *De bon. poss.*, I, p. 835, 685 et suiv., VI, p. 675, 676; *In libr. V. Respons. Papiniani* ad leg. 17 *De inj. rupto test.*, VI, p. 215; *Opera posthuma,* IV, p. 27, 56; *Tractatus ad Africanum,* I, p. 1361 et suiv. (Ed. Fabrot, Paris 1658).

Hotmann († 1590), *Comment. in Institut.*, lib. III, tit 34, p. 299 et suiv. (Lyon 1588).

Ranchin (1510 - 1583), *Traité sur les successions ab intestat* (Thesaurus de Meermann, III, p. 196 et suiv.).

Doneau (1527-1591), *Comment. in Codicem*, ad. lib. 8, tit. II,

[1] Lipenius, dans sa *Bibliotheca realis juridica* (Lipsiæ 1787), et Struve, dans sa *Bibliotheca juris selecta* (Iéna 1756), p. 254, attribuent à Fachinæus un traité *De bonorum possessione et jure accrescendi* (Ingolstadii 1589, in-8), dont aucun autre bibliographe ne fait mention, et sur l'existence duquel on peut avoir des doutes sérieux.

Quorum bonorum, I, p. 578 et suiv. (Francfort 1599). — *Opuscula posthuma*, p. 1 et suiv. (Hanovre 1604).

Maranus (1549-1621), *Paratitla ad Pandectas*, lib. 37, tit. IV, p. 363 et suiv. (Trèves 1741).

Janus a Costa († 1637), *Institutionum Comment.* ad tit. *De bon. poss.*, p. 381 et suiv. (Lyon 1744).

IV. ÉCOLE ALLEMANDE.

XVIe *siècle.*

Bocer, *De bonorum possessionibus* (Tübingen 1597).

Sichardus (1499-1552), *Comment. in Codicem*, ad. tit. *Qui admitti* (Francfort 1613).

Wesembecius[1] (1531-1586), *Paratitla in Pandectas*, ad tit. *De bon. possess.*, p. 250 et suiv., (Bâle 1565); *in Institut.*, tit. *De bon. poss.*, p. 192 et suiv. (Bâle 1585).

Hahn *ad* Wessembecium, p. 817 et suiv. (Francf. et Leipzig 1708).

Schneidewinus (1519-1568), *Institutionum Comment.*, *De bon possess.*, p. 794 et suiv. (Strasbourg 1652).

Van Giffen (Giphanius[2]), (1534-1604), *Explanatio difficiliorum et celebriorum leg. Codicis Just.*, ad C. un. *Quando non petent.*, p. 17 et 18 (2e partie); ad C. 2 *De bon. poss. contra tab.*, p. 18 et suiv.; ad C. ult. *Undè liberi*, p. 20 et suiv. (Cologne 1614).

XVIIe *siècle.*

Harpprecht (Jean, 1560-1639), *Commentarius ad Instituta*, tit. *De bon. poss.*, II, p. 89 et suiv. (Francfort 1708).

Meier (Justus, 1566-1622[3]), *Collegium argentoratense*, tit. *De bon. poss.* II, p. 834 et suiv., et *Quorum bonorum*, III, p. 36 et suiv. (Strasbourg 1657).

[1] Celui qu'on surnommait de son temps *Jurisperitorum christianissimus* et *christianorum jurisperitissimus !*

[2] On avait osé l'appeler le *Cujas de l'Allemagne !*

[3] Savigny qualifie ce jurisconsulte de *sehr namhafter Schriftsteller*, auteur de la plus grande valeur (Savigny, *Vermischte Schriften*, II, p. 282).

Brunnemann (1608-1672), *Comment. in Pandectas*, lib. 37 et 38, p. 190 et suiv. (Ed. 1752).

Lauterbach (1618-1678), *Collegium theoretico-practicum*, tit. *De bon. poss.*, II, p. 1034 (Tübingen 1743).

Strauchius (Jean, 1612-1680), *Dissertationes ad jus Justinian. privatum*, Dissert. XI, *De successione universali, legitima, prætoria, et collationibus*, n°s 33 et suiv., p. 300 et suiv. (Iéna 1718[1]).

Schilter (1632-1705), *De hereditate bonorumque possessione persequenda* (Iéna 1677[2]). *Praxis juris Romani in foro germanico*, Exercitat. 15, § 2, II, p. 44 et suiv.; 41, §§ 5 et suiv., II, p. 924 et suiv. (Iéna 1698).

Stryck (1640-1710), *Tractatus de success. ab intestato*, Dissert., 9, *De natura success. prætor.*, p. 918 et suiv. (Francfort 1719).

XVIIIe *siècle.*

Friess, *De bon. possessione ex edicto unde vir et uxor* (Leipzig 1715).

Heineccius (1681-1741), *Syntagma antiquitatum roman.*, p. 51 et suiv. (Strasbourg 1730).

Berlich, *Conclusiones practicabiles*, 3e partie, Concl. 16, p. 101 et suiv.; Concl. 26, p. 156 et suiv. (Ed. nova, Cologne 1739).

[1] Cette dissertation, comme la plupart de celles de Strauchius, a été réimprimée, paraît-il, sous la rubrique *De regulis juris antiqui. Dissertatio decima. De legatis, fideicommissis, et* BONORUM POSSESSIONE, car j'ai trouvé un opuscule ayant pour titre : *Strauchii Dissertationis de reg. juris. De legatis fid. et bonorum possession. portio prior, quam ad disputationem proponens solemniter tuebitur P. Knepffler* (Strasbourg 1743). — Mais je n'ai découvert nulle trace d'une *Disput. de generalibus* (?) *bonorum possessionibus* (Viteb. 1645, in-4), qui dans Lipenius (ed. 1787) est attribuée à un *August. Strauchius*.

[2] Je cite cet ouvrage sur la foi de Lipenius et de M. Giraud, toutes les recherches pour me le prouver étant restées infructueuses. M. Giraud l'a compris dans l'énumération des écrits de Schilter (au nombre de 45), dont il a fait suivre dans la *Revue de législation* la reproduction de l'éloge de ce jurisconsulte qu'il avait prononcé en 1845 à l'ouverture d'un concours devant la Faculté de droit de Strasbourg (Voy. *Revue de législation et de jurisprudence*, ann. 1845, vol. II, t. XXIII, p. 523).

Berger (Henr.), *Œconomia juris*, lib. II, tit. 4, p. 478 et suiv. (Ed. 5, Leipzig 1741).

Leyser (1683-1752), *Meditationes in Pandectas*, VII, p. 634 et suiv. (Leipzig 1772).

Everard Otto (1685-1756), *Institutionum ad libros IV a Cujacio emendatos*, tit. *De bon. poss.*, p. 345 (Bâle 1760).

Treckell (1707-1764), *De origine et progressu testam. factionis* (Leipzig 1739).

Hoppius, *Comment. succinct. ad Instit.*, tit. *De bon. poss.*, p. 558 et suiv. (Francfort et Leipzig 1736).

Ayblinger a Buchenau, *De bonorum possessionibus* (Vienne 1742).

Ayblinger, *Comm. ad Pandect.*, lib. 37, p. 346 et suiv. (Ed. 1746).

Pagenstecher (Th.), *In Sexti Pompon. ad Sabinum de re testam. et de bon. possessionibus libr.* IV *Comment.* (Lemgow. 1750).

L. Hombergk, *De bon. possessione, remedio nec possessorio nec interimistico* (Marb. 1753).

G. Schacher, *Specimen histor. juris civil.*, cap. V, *De origine success. prætor.* (Leipzig 1762).

Th. Seger, *Dissertat. de successorio Edicto* (Leipzig 1768.)

Hœpfner (1743-1797), *Theoretisch practischer Commentar über die Heinecc. Instit.*, §§ 655 et suiv., p. 9 et suiv. (Ed. 1783).

J. Turin, *Dissert. de bon. possessionibus præsert. usu earum hodierno* (Erfurt 1771).

G. Sartorius, *De bon. possessione quam contra tabulas parentes et liberi agnoscant* (Leipzig 1775).

V. ÉCOLE HOLLANDAISE.

(*Du* XVIe *au* XVIIIe *siècle*).

Vinnius (1588-1657), *Instit. Commentar.*, tit. *De bon. possess.*, p. 572 et suiv. (Lyon 1726).

Wissenbach (1607-1665), *Exercitationes in Pandect.*, lib. 37, 38; *Commentat. cathed. in libr.* VII *priores Codicis*, lib. 6 (Francfort 1701).

Huber (1636-1694), *Prælectiones juris civilis*, lib. III, tit. 10, I, p. 248, ad tit. *De bon. poss. Dig.*, III, p. 329 et suiv. (Leipzig 1707).

Voët (1647-1714), *Comment. in Pandect.*, lib. 37 (Genève 1757).

VI. ROMANISTES BELGES.

NICASIUS DE VOERDA (†1492), *Enarrationes in Instit.*, ad tit. *De bon. poss.*, p. 243 et suiv. (Lyon 1549).

GUDELINUS (Petr., 1555-1619), *De jure novissimo Comment. libri sex.* lib. II, cap. 13 et suiv., p. 74 et suiv. (Arnheim 1639).

JAC. ZOESIUS (1571-1627), *Comment. ad Instit.*, tit. *De bon. poss.*, p. 442 et suiv. (Cologne 1738).

VII. ROMANISTES ESPAGNOLS ET PORTUGAIS.

PEREZ (†1672), *Prælectiones in Codicem*, lib. VI, tit. 9 et suiv., p. 445 et suiv. (Amsterdam, Elzevir, 1671).

FERNANDEZ DE RETES (†1678), *Ad. titul. de bon. possess. contra tabulas scholastica*, dans le *Thesaurus de Meermann*, VI, p. 494 et suiv.

§ 2. JURISCONSULTES MODERNES.

(Fin du XVIIIe siècle. — XIXe siècle).

I. AUTEURS ALLEMANDS.

GUST. HUGO, *De bonorum possessionibus*, dissertatio inauguralis (Halæ 1788). — *Commentatio de fundamento success. ab intestato*, §§ 15 et suiv, p. 25 et suiv. (Gœttingen 1785).

KOCH, D., *Bonorum possessio*, literarisches Testament nebst Commentar, Revision und Codicill (Giessen 1799). — *Successio ab intestato*, sect. IV, p. 178 et suiv. (Giessen 1780).

STUPP, *De fatis bonorum possessionum sub imperatoribus post jurisconsultos in Pandectas excerptos* (Bonn 1793).

G. CUSIN, *De indole bonorum possessionis contra tabulas juxta doctrinam juris romani* (Tübingen 1796).

GMELIN, *De convenientiis et differentiis inter hereditatem et bonorum possessionem* (Gœttingen 1808).

LŒHR, *Uebersicht der das Privatrecht betreffenden Constitutionen der römischen Kaiser, von Constantin I bis auf Theodos II und Valentinian III* (Wetzlar 1812). — *Zweite Uebersicht der Constitutionen von Theodos II bis auf Justinian* (ibid. 1813). — *Einige*

Bemerkungen aus der Lehre von der Bonorum Possessio (*Magazin für Rechtswiss. und Gesetzgebung von Grolmann und von Lœhr*, III, p. 216-353. 1820). — *Ueber das Interdictum Quorum bonorum* (Archiv für civilist. Praxis, XII, p. 85 et suiv. 1829). — *Magazin für Rechtswiss.* etc., IV, p. 401 et suiv. (1844).

GANS, ED., *Scholien zum Gaius*, p. 315-330, 355-364 etc. (Berlin 1821). — *Das Erbrecht in weltgeschichtl. Entwickelung*, II, p. 463 et suiv. (Berlin 1825).

DERNBURG, *Beiträge zur Geschichte des römisch. Testaments*, p. 180-233 (Bonn 1821).

GLÜCK, *Hermeneustich-systematische Erörterung von der Intestaterbfolge*, §§ 86-107, p. 306 et suiv., 2e édit. (Erlangen 1822).

FŒRSTER, *De bonorum possessione liberorum præteritorum contra tabulas parentum* (Breslau 1823).

DE SAVIGNY, *Zeitschrift für geschichtliche Rechtswiss. von Savigny, Eichhorn, Gœschen*, V, p. 1 et suiv. (Berlin 1823); VI, p. 229 et suiv. (Berlin 1828)[1].

HEISE et CROPP, *Juristische Abhandlungen* (Hambourg 1827-1830).

HUSCHKE, *Studien des römischen Rechts*, De causa siliana, p. 1 et suiv.; Von der bonorum possessio quinto gradu (liberti), p. 58 et suiv. etc. (Breslau 1830). — *Recension der Schrift von Fabricius* (Richter's kritische Jahrbücher, V, p. 9 et suiv. 1839).

SCHILLING, *Bemerkungen über römisch. Rechtsgesch.* (Leipzig 1829).

NIEBUHR, *Römische Geschichte*, II, p. 173 et suiv. (2e édit., 1830); cf. III, p. 37 (Berlin 1832).

FRANCKE, *Das Recht der Notherben und Pflichttheilsberechtigten*, chap. I, § 9, p. 96 et suiv.; chap. II, p. 121 et suiv. etc. (Gœttingen 1831).

HUGO, *Römische Rechts-Geschichte*, p. 238, 550 et suiv. (11e édit. 1832).

FABRICIUS, *Ursprung und Entwicklung der bonorum possessio bis zum Aufhören des ordo judiciorum privatorum* (Historische Forschungen im Gebiete des römisch. Privatrechts. Berlin 1837). — *Rheinisches Museum*, IV, p. 177 et suiv., p. 209 et suiv. (Gœttingen 1832-1833).

[1] Ces deux dissertations ont été reproduites avec changements et additions dans les *Vermischte Schriften*, III, p. 216-320. Berlin 1850.

TIGERSTRÖM, *Die innere Geschichte des römischen Rechts*, p. 662 (Berlin 1838).

ARNDTS, *Beiträge zu verschiedenen Lehren des Civilrechts und Civilprocesses*. (Bonn 1837).

CHRISTIANSEN, *Die Wissenschaft der römischen Rechtsgeschichte im Grundrisse*, I, p. 418 (Altona 1838).

BACHOFEN, *Die lex Voconia*, p. 66 et suiv. (Bâle 1843).

PUCHTA, *Pandecten*, § 451, p. 597 (Leipzig 1844). — *Cursus der Institutionen*, III, §§ 316 et suiv., p. 268 et suiv. (Ed. Rudorff, 1851).

LEIST, GUIL., *Historia bonorum possessionis secundum tabulas* (Gœttingen 1841). — *Die bonorum possessio, ihre geschichtliche Entwicklung und heutige Geltung* (Gœttingen 1844-1848).

v. BUCHHOLTZ, *Kritische Jahrbücher* (1846).

UHRIG, *Ueber die Wirkung der bonorum possessio contra tabulas* (Würzbourg 1844).

ZIELONACKI, *Controversiæ juris Romani de successionibus contra testamenta et bonorum possessione secund. tabulas* (Berlin 1845).

WALTER, *Geschichte des römischen Rechts bis auf Justinian*, II, n°s 597 et suiv., n°s 607, 617, 629 etc. (2e édit., Bonn 1846).

DANZ, *Lehrbuch der Geschichte des römischen Rechts*, 2e partie (Leipzig 1846), tit. 2, §§ 150 et suiv., p. 43 et suiv.

REIN, *Das Privatrecht und der Civilprocess der Römer*, p. 838 et suiv. (Leipzig 1858).

HINGST, *Commentatio de bonorum possessione* (Amsterdam 1858).

ALTMANN, *De bon. possessione ex Carboniano edicto* (Beslau 1855).

JANSSONIUS, *De origine bonorum possessionis ejusque vi in adjuvando supplendo jure Romanorum hereditario* (Gron. 1859).

VERING, *Römisches Erbrecht in historischer und dogmatischer Entwicklung*, p. 576 et suiv. (Heidelberg 1861).

KÖPPEN, *System des heutigen römischen Erbrechts*, p. 22 et suiv. (Iéna 1862).

v. VANGEROW, *Lehrbuch der Pandekten*, II, §§ 398 et suiv., p. 11 et suiv.; §§ 407, 472, 473, 509 et suiv. (7e édit., Marburg 1867).

SCHMIDT, *Das formelle Recht der Notherben* (Leipzig 1862). — *Das Pflichttheilsrecht des Patronus und des Parens manumissor* (Heidelberg 1868).

SCHIRMER, *Handbuch des römischen Erbrechts*, p. 73 et suiv. (Leipzig 1863).

ARNDTS, *Lehrbuch der Pandekten*, 2e part, §§ 466 et suiv., p. 716 et suiv.; §§ 506 et suiv., p. 764 et suiv. etc. (6e édit., Munich 1868).

II. AUTEURS FRANÇAIS.

P. VERNET, *Traité de la quotité disponible*, p. 61 et suiv., p. 81 et suiv. etc. (Paris 1855).

ORTOLAN, *Explication historique des Institutes*, III, p. 77 et suiv. (7e édit., 1863).

GLASSON, *De la bonorum possessio établie par l'édit Carbonien* (Paris 1867).

P. MILHAT, *Des possessions de biens testamentaires en droit romain* (Paris 1867).

MACHELARD, *Théorie générale des interdits en droit romain*, p. 49 et suiv. (Paris 1865).

DEMANGEAT, *Cours élémentaire de droit romain*, II, p. 76 et suiv. (2e édit. 1867).

ADDE.

KUNTZÉ, *Institutionen und Geschichte des römischen Rechts*, t. I; *Cursus des römischen Rechts*, §§ 811, 820, 835 etc. etc., et surtout t. II, *Excurse über römisches Recht*, p. 535 et suiv. (Leipzig 1869).

CHAPITRE PREMIER.

Caractère nouveau de la bonorum possessio.

15. Ce n'est plus la *bonorum possessio* dont je viens de rappeler les principaux caractères que nous retrouvons sous les empereurs: sa nature intime a changé, son aspect est nouveau. Quand cette transformation s'est-elle opérée? Il me paraît impossible de le dire d'une manière précise; elle n'a pas été l'œuvre d'une Constitution, d'un empereur: elle a été l'œuvre du temps. Ne pense-t-on pas que Justinien eût recueilli pour nous la conserver la loi qui aurait modifié d'une manière si profonde une si vieille institution, au cas où une pareille loi eût existé? Eh bien, parcourez Institutes et Digeste, Code et Novelles, nulle part vous ne trouverez trace d'une Constitution de ce genre; — pas un indice. — Non, les empereurs ne furent pour rien dans la révolution qui s'est opérée au sein de la *bonorum possessio:* ils ont suivi le mouvement, ils ne l'ont pas imprimé; s'ils avaient voulu y faire obstacle, le courant les aurait entraînés.

Deux causes surtout enlevèrent à la *bonorum possessio* le caractère qu'elle avait à l'époque classique: la rareté de plus en plus grande de la *bonorum possessio sine re*, la disparition de l'*ordo judiciorum*. Nous savons qu'à l'origine le préteur avait principalement la *bonorum possessio sine re* en vue; il voulait créer un représentant intérimaire du défunt sans porter atteinte aux droits de l'héritier. Plus tard, les cas se multiplièrent où le successeur prétorien fut préféré à tous autres, et en même temps les héritiers du droit civil durent rarement négliger de demander la *bonorum possessio :* ils y avaient un intérêt trop grand. Dans la succession *ab intestat*, par exemple, quand la délation avait lieu au profit d'un ordre subséquent, on pouvait presque considérer comme certain que les héritiers plus proches renonçaient à se prévaloir de leurs droits. Dans la succession testamentaire, nous avons vu que deux rescrits avaient diminué les cas où la *bonorum possessio* déférée pouvait être rendue *sine re*. Je ne pousse pas plus loin ces développements; ce qui vient d'être dit suffit pour faire comprendre que la *bonorum possessio cum re* était devenue la règle, la *bonorum possessio sine re* l'exception. J'ai indiqué en second lieu la disparition de l'*ordo judiciorum;* elle eut une influence capitale dans notre matière. Avant Dioclétien, le préteur était un magistrat revêtu de l'*imperium;* comme tel il avait une espèce de puissance législative, il pouvait rendre des *decreta*. On comprend donc fort bien que le droit du *bonorum possessor* émanât de lui, qu'il fût maître d'accorder ou de refuser la possession de l'hérédité à celui qui venait la lui demander. Mais une fois que la préture eut perdu son autorité et son prestige[1], que le magistrat fut devenu juge[2], les choses ne pouvaient plus se passer de la sorte. Un juge faire la délation de la *bonorum possessio!* examiner si les diverses conditions exigées autrefois par le préteur étaient remplies, puis envoyer en possession de l'hérédité! Était-ce là son rôle? Avait-il pouvoir à cet effet? Avait-il l'*imperium*?

15 *bis*. Il n'est pas difficile de voir quelle transformation devaient entraîner ces deux circonstances, la

[1] Cf. Labatut, *Histoire de la préture*. Paris 1868, p. 103.

[2] C'était le *préfet de la ville* qui jugeait les procès à Rome.

rareté de la *bonorum possessio sine re*, la suppression de l'*ordo judiciorum*. Le droit du *bonorum possessor* auquel la délation avait été faite étant la plupart du temps un droit définitif, on en arriva à ne plus séparer ces deux idées, à considérer la *bonorum possessio* comme une vocation héréditaire. Combien plus dut-il en être ainsi quand la préture disparut! Le *bonorum possessor* ne tenant plus son droit du magistrat, mais de l'édit, le juge ne pouvant intervenir que s'il s'engageait un litige entre les divers successeurs [1], il fut loisible à chacun de faire l'*agnitio bonorum possessionis*, tout comme l'adition de l'hérédité, sauf à prouver plus tard devant le juge le bien fondé de son droit. De ce moment, au lieu d'être un bénéfice spécial, la *bonorum possessio* devint un droit de succession analogue à l'*hereditas*, avec cette seule différence que son acquisition ne pouvait avoir lieu que dans un temps déterminé et avec l'emploi de certaines formes solennelles. Le témoignage des textes est positif sur ce point. Avant Dioclétien on ne nous présente jamais la *bonorum possessio* comme une succession, le *bonorum possessor* comme un héritier [2]; il n'est jamais question que d'une

[1] On ne trouve plus guère après Dioclétien l'expression si fréquente avant lui de *petere bonorum possessionem* (cf. L. 1, § 2. § 10 *De bonorum possessione sec. tab.*, 37, 11. — L. 20, § 4, *De bonis libertorum*, 38, 2 etc.).

[2] Si l'expression *succedere ex jure prætorio*, au lieu de *obtinere bonorum possessionem*, *successor* pour *bonorum possessor*, se rencontre à l'époque classique (L. 29, § 2. *De donationibus*, 39, 5; L. 13, § 4, *De publicanis et vectigal.*, 39, 4), ce n'est que dans des textes excessivement rares, et complétement étrangers à la matière des successions. Il ne serait pas difficile d'ailleurs d'y reconnaître la main des compilateurs, lesquels par le rapprochement des lois 29 et 30, *De donationibus*, 39, 5, ont bien affublé la *bonorum possessio* classique du nom d'*hereditas !*

faveur exceptionellement accordée à certaines personnes d'être mises en possession de l'hérédité, et de jouir ainsi, soit provisoirement, soit pour toujours, des droits de *l'heres*. Mais après Dioclétien la terminologie change; le même mot sert à désigner et l'hérédité du droit civil et la *bonorum possessio*; l'une et l'autre sont appelées *successio*; bien plus, l'expression d'*hereditas*, d'hérédité civile par excellence, est appliquée à la succession prétorienne! « Nutritoribus hoc nomine nec civili nec honorario jure defertur *hereditas* » (C. 10, *Communia de success.*, 6, 59)[1]. On peut voir à ce sujet les textes suivants: C. 4, *Qui admitti ad bon. poss. poss.* (6. 9); C. 2, C. 3, C. 5, *Unde legitimi* (6, 15); C. 2, *De success. edicto* (6, 16); C. 13, C. 14, *De jure deliberandi* (6, 30); C. 8, *De suis et legit.* (6, 55); C. 4, *De legit. hered.* (6, 58); C. 1, C. 3, C. 5, *Communia de success.* (6, 59); C. 2, *Quorum bonorum* (8, 2).

16. Mais si le *bonorum possessor* était maintenant un véritable héritier, l'*agnitio* de la *bonorum possessio* devait être mise sur la même ligne que l'adition d'hérédité, être regardée comme un mode d'acquisition de la succession. Voilà, en effet, comme elle se montre dans les Constitutions de Dioclétien et des empereurs qui suivirent. Jusqu'à cette époque l'exposition que nous trouvons dans les textes des diverses manières d'acquérir une hérédité est toujours celle-ci. On peut

[1] En ce sens on pourrait invoquer encore la C. 8, *De hered. instit.*, 6, 24, si l'on admet avec M. Binding que les personnes morales pouvaient, comme *bonorum possessores*, recueillir une succession testamentaire à laquelle le droit civil ne permettait pas de les appeler en qualité d'héritiers, puisqu'il leur déniait la *testam. factio passiva* (voy. Binding, *Entwikelungsgang der Erbfähigk. jurist. Personen. Zeitschrift für Rechtsgeschichte*, t. VIII, 1868, p. 301-309 etc).

devenir héritier par deux voies différentes : ou bien par la *cretio*, ou bien par la *gestio pro herede;* par la *cretio,* en observant les formes prescrites en ce cas; par la *gestio pro herede*, en faisant acte d'héritier (l'*agnitio bonorum possessionis* était l'un de ces actes[1]), en s'immisçant dans la gestion, ou aussi, au temps de Gaius, en manifestant simplement son intention de succéder, « *nuda voluntate suscipiendæ hereditatis* »[2]. De plus, certaines personnes que le droit civil ne considère pas comme héritières peuvent s'adresser au préteur et obtenir de lui la *delatio bonorum possessionis;* mais ce n'est pas là une adition d'hérédité, ce n'est qu'une manière de se faire mettre en possession des biens héréditaires[3]. — Tout autre est le langage des Constitutions de Dioclétien : il n'y a plus seulement deux modes d'acquisition de la *successio*, il y en a trois : la *cretio*, la *gestio pro herede*, l'*agnitio bonorum possessionis*, mises sur la même ligne toutes les trois, au point de vue de leurs effets. Il suffira de citer : C. 7 *De jure deliber.* (6. 30); *Consultatio veteris juris consulti* (Puggé, *Corpus juris antejust.*, I, p. 402)[4]. — C. 4 *Unde legitimi et cogn.* (6, 15). — C. 8, *De legit. her.* (6, 58). — C. 2 *Communia de succ.* (6, 59).

[1] C. 12, *De jure delib.*, 6, 30.

[2] Gaius II, § 167. C. 1, Th., *De legit her.*, 5, 1. Il est assez extraordinaire que ni Ulpien, ni Paul, qui sont postérieurs à Gaius (voy. l'opuscule de M. Glasson, *Étude sur Gaius,* p. 6 et suiv.), ne parlent pas de l'adition *nuda voluntate* (voy. Ulpien, *Lib. Regul.* XXII, § 26; Paul, *Sent. recept.*, IV, § 25) — D'autres textes montrent pourtant que ces deux jurisconsultes n'étaient en tous cas pas d'une opinion bien éloignée de celle de Gaius (voy. not., L. 20, pr.; L. 21, § 1.; L. 88. *De acq. vel am. her.*, 29, 2; cf. encore L. 62, *eod.*).

[3] Cf. Ulpien, *Lib. Reg.* XXVIII, §§ 11-13.

[4] Bonn 1831. Cf. C. 2, § 4, Th. *De integr. restit.*, 2, 16.

17. La différence de vocation et la nécessité d'une adition plus solennelle, voilà tout ce qui distingue le nouveau *bonorum possessor* de l'héritier du droit civil; aussi l'*hereditatis petitio* ne fut-elle plus un attribut spécial de ce dernier; sous le nom d'*hereditatis petitio possessoria* elle avait été donnée (nous verrons quand et comment) au successeur prétorien. D'un autre côté, parler de *bonorum possessio sine re* était maintenant tout aussi impossible[1] que dire *hereditas sine re:* on était *bonorum possessor* ou on ne l'était pas, on est héritier ou on ne l'est pas. Sans doute, toute personne pouvait faire l'*agnitio* de la *bonorum possessio*, mais elle ne devenait pas *bonorum possessor* pour cela ; une fois l'*agnitio* faite, il fallait justifier de son titre, il fallait intenter l'*hereditatis petitio possessoria*, et le juge statuait. Votre droit vous eût-il fait obtenir anciennement la *bonorum possessio cum re*, vous triomphiez sans peine, soit par l'*hereditatis petitio*, soit par l'interdit *quorum bonorum*. Mais si l'*agnitio* avait été faite par une personne dont la *bonorum possessio*, à l'époque classique, aurait pu devenir *sine re*, l'*hereditatis petitio* ne lui était d'aucun secours, elle succombait dans le litige que soulevait cette action. Il pouvait arriver, sans doute, que l'interdit *quorum bonorum* lui procurât la possession de biens héréditaires, si beaucoup de vraisemblance militait en faveur de son droit, si l'héritier préférable n'était pas connu encore;

[1] Si les compilateurs ont laissé subsister dans les textes l'expression de *bonorum possessio sine re*, c'est qu'ils entendaient désigner par là les cas où celui qui avait fait l'*agnitio* devait succomber nécessairement en intentant l'*hereditatis petitio possessoria*. Du reste, les empereurs se gardent bien de l'employer.

mais *bonorum possessores* et héritiers civils lui enlevaient cette possession en prouvant qu'ils étaient appelés avant elle. Celui qui était vaincu de la sorte n'avait pas plus été *bonorum possessor* que n'est héritier le *possessor pro herede* qui est forcé à restitution par l'*hereditatis petitio*. *Bonorum possessor*, il ne le serait devenu que de l'instant où ceux qui le précédaient auraient renoncé ou seraient morts sans avoir fait adition.

18. Le caractère nouveau de la *bonorum possessio* apparaît clairement dans la C. 5 *Communia de succ.* (6, 59). — Une femme meurt laissant des fils et un neveu agnat. Les fils sont appelés à la succession en vertu du sénatus-consulte Orphitien, mais le neveu fait régulièrement l'*agnitio bonorum possessionis*. Comment les choses se seraient-elles passées à l'époque classique? Le neveu aurait eu la possession de l'hérédité jusqu'à ce que sa *bonorum possessio* eût été rendue *sine re* par l'*hereditatis petitio* des successeurs du droit civil. Eh bien! c'est une situation tout autre que nous dépeint Dioclétien : le neveu ne peut pas intenter l'*hereditatis petitio*, dit-il[1] ! Ce serait donc à lui de le faire ! Il n'a donc pas la possession ! L'*agnitio* ne la lui confère pas ! — Les fils succèdent; mais ils meurent au bout d'un certain temps : il reste des *privigni* de leur mère en présence du neveu agnat. Celui-ci n'est toujours pas héritier d'après le droit civil; précédemment il ne l'était pas parcequ'il se trouvait avant lui des successeurs plus proches; maintenant il ne l'est pas parcequ'il n'est que cognat de ses *amitini ;* mais il peut venir comme *bonorum possessor* dans l'ordre *unde cognati*. Il fait

[1] *Hereditatem tuo nomine non recte petis.*

l'*agnitio.* — Anciennement que serait-il arrivé? Le neveu aurait été mis en possession; si les *privigni* avaient été frères consanguins des prédécédés, ils auraient pu rendre sa *bonorum possessio sine re;* mais s'ils avaient été de père et mère différents, la *bonorum possessio* déférée au neveu serait restée *cum re.* Est-ce ainsi que Dioclétien nous présente les choses? En aucune façon. Il dit au neveu: si les *privigni* sont agnats de vos *amitini*, ils vous seront certainement préférés; en d'autres termes, si vous intentez l'*hereditatis petitio*, vous succomberez; si, au contraire, ils sont *privigni* issus d'un mari de votre tante autre que le père de ceux dont la succession est ouverte, vous pourrez en toute confiance revendiquer l'hérédité. On le voit, tout le texte suppose que l'*agnitio bonorum possessionis* ne produit aucun effet, tant qu'on n'a pas triomphé par l'*hereditatis petitio possessoria.*

Nous venons de montrer comment la *bonorum possessio* s'est transformée dans son ensemble; nous allons rechercher les changements qu'ont éprouvés ses diverses parties.

CHAPITRE II.

Des diverses classes de bonorum possessores.

SECTION I.

SUCCESSION TESTAMENTAIRE.

19. Le testament *per æs et libram* était, à l'origine, purement verbal; plus tard les dernières volontés furent consignées dans un écrit qui, après la *familiæ mancipatio*, était remis, probablement clos et scellé, au *familiæ emptor*, en même temps que le testateur prononçait les paroles solennelles de la *nuncupatio*. Les cinq témoins, le *libripens*, l'*antestatus*, ne figuraient qu'à raison de la vente symbolique qui avait lieu, ils n'apposaient sur l'écrit ni leur signature ni leur cachet. Mais il ne pouvait plus en être ainsi une fois que l'usage se fut introduit de dresser un *instrumentum* signé et cacheté par les témoins dans tous les cas où un acte quelconque était passé verbalement [1]. L'*obsignatio* alors dut devenir une forme du testament. Mais comment était-elle faite? On crut pendant longtemps que les témoins se contentaient d'inscrire leur nom et de mettre leur cachet sur la partie extérieure du testa-

[1] Cf. L. 8, § 15; L. 9, § 1. *Quibus modis pign. solv.*, 20, 6. Dans l'acte de donation de T. Flavius Syntrophus nous trouvons un *instrumentum stipulationis* et *mancipationis* suivi des noms de cinq témoins, un *libripens*, un *antestatus*. On en peut induire que ces diverses personnes avaient signé et apposé leurs cachets (voy. Huschke, *T. Flavii Syntrophi donat. instrumentum*, p. 6 et 52. Breslau 1838. Cf. encore *Lex pariete faciundo Puteolana*. Gruter, 207, 1).

ment; mais des documents authentiques publiés dans ce siècle nous ont appris que l'opération était plus complexe. Le premier de ces documents est un testament fait à Ravenne en 572, par un nommé Mannanes; il faut y joindre deux procès-verbaux d'ouverture de testament, l'un de l'année 521, l'autre de 552. Ces diverses pièces ont été publiées par l'abbé *Marini*, dans ses *Papiri diplomatici* [1], puis reprises et commentées par Spangenberg [2]. Un autre document important, les tablettes de cire trouvées en 1790 à Abrudbanya, a été mis au jour et analysé par Massmann [3] et Huschke [4]. Si l'on compare les renseignements qui nous sont fournis par ces pièces avec certains textes du Digeste (notamment les lois 22, § 1 et 30, *Qui testam facere possunt*, 28, 1) et les Constitutions impériales dont nous aurons à parler plus loin, on voit clairement que les signatures étaient mises à l'intérieur (*subscriptio*) et à l'extérieur (*superscriptio*) du testament [5]. Le testament était ordinairement écrit sur des tablettes de bois enduites de cire; deux autres tablettes de même matière lui servaient de couverture [6]. D'abord le testateur eut toute latitude de fermer ce testament comme il l'entendait,

[1] Marini, *I papiri diplomatici raccolti ed illustrati.* Rome 1805, nos 74, 75, p. 116 et suiv., p. 257-261.

[2] Spangenberg, *Archiv für civilist. Praxis*, t. V, p. 144 et suiv. — *Juris Rom. tabul. negot. solenn.*, nos 14, 18.

[3] Massmann, *Libellus aurarius sive tabulæ ceratæ* etc. 1840.

[4] Huschke, *Zeitschrift für geschichtl. Rechtswiss.*, XII, p. 173 et suiv.

[5] Spangenberg, *Archiv*, p. 154 et suiv. Huschke, *op. cit.*, p. 203 et suiv. Savigny, *Histoire du droit romain au moyen âge* (trad. Guenoux), II, p. 152 et suiv. — *Contra :* Lœhr, *Archiv für civ. Praxis*, VI, p. 328 et suiv.

[6] Cf. Horace, *Satires*, liv. II, sat. 5, vers. 53-54.

mais un sénatus-consulte rendu sous Néron prescrivit des formes spéciales (Paul., *Sent. recept.*, V, 25, § 6). Quoi qu'il en soit, les témoins imprimaient leur cachet sur le lien qui entourait extérieurement et réunissait les tablettes, puis inscrivaient leur nom à côté de leur cachet (*adscribebant*). Cette double opération était appelée *superscriptio* [1]. Huschke croit de plus qu'on écrivait sur les tablettes extérieures un résumé du testament [2]; en tous cas, cela ne pouvait avoir lieu quand le testateur s'était servi de *papyrus*, ou de toute autre matière semblable. Dans cette dernière hypothèse, en effet, le testament était enveloppé dans un morceau d'étoffe (*linteum*, *sabanum*), et les cachets étaient apposés, soit sur le fil que l'on avait roulé autour de l'étoffe pour la maintenir, soit sur cette étoffe elle-même, à l'endroit où ses deux extrémités venaient se rejoindre [3]. A côté des cachets, sur la même cire, les témoins gravaient leurs noms. — Qu'était-ce maintenant que la *subscriptio?* Tout simplement la signature des témoins et du testateur apposée au bas de l'acte lui-même; qu'elle fût accompagnée du cachet, comme le prétend Huschke [4], ou qu'elle fût isolée, comme le dit Spangenberg [5], peu nous importe ici, mais il est, au contraire,

[1] Voy. les *superscriptiones* du testament de Mannanes. Spangenberg, *Archiv*, *loc. cit.*, p. 149.

[2] Huschke, *Zeitschrift für gesch. Rechtsw.*, XII, p. 204.

[3] C'est à cela que se réfère la Loi 22, § 7, *Qui testam. facere possunt*, 28, 1, quand elle dit : « Signatas tabulas accipi oportet, et *si linteo*, quo tabulæ involutæ sunt, signa impressa fuerint. » Lœhr se prévaut donc à tort de cette loi pour nier la nécessité de la *superscriptio*. Lœhr, *Archiv für civ. Praxis*, VI, p. 333.

[4] Huscke, *Zeitschrift*, *loc. cit.*, p. 197-198.

[5] Spangenberg, *Archiv*, *loc. cit.*, p. 155.

très-intéressant de remarquer qu'elle était précédée chaque fois de la mention sommaire des dispositions les plus importantes du testament[1].

20. La *subscriptio* ne fut exigée comme condition de la validité du testament qu'assez tard sous les empereurs. Huschke, il est vrai, voudrait la rattacher au sénatus-consulte néronien[2] dont nous avons parlé; mais il est obligé pour cela de lire dans le passage de Paul qui s'y rapporte (*Sent. recept.* V, 25, § 6) : « *ut exteriori scripturæ fidem interior servet*, » version qui se concilie difficilement avec le reste du texte, et ne se trouve dans aucune édition des *Sententiæ receptæ*, ni, on peut presque l'affirmer, dans les anciens manuscrits de Paul, aujourd'hui perdus. Jod. Basius Ascensius a donné, en effet, en 1516, une édition de Quintilien (la 1re édition de Paul n'est que de 1525) avec des notes de Laurent Valla, qui vivait au milieu du quinzième siècle. Or dans une de ces notes est précisément cité le passage en question de Paul, et l'on y lit : « ut exterior scriptura fidem interioris servaret[3]. » — En tout cas j'accorderai volontiers qu'en pratique la fréquence de la *subscriptio* devait être assez grande.

21. *Quid* maintenant de la *superscriptio?* On peut soutenir et l'on a soutenu que le testament civil n'était

[1] Voici, par exemple, la *subscriptio* de l'un des témoins du testament de Mannanes. — « *Johannes*, vir s'renuus huic testamentum rogatus a Mannanæ v. d. filio quondam Nanderit, ipso præsente et suscribente, atque ei testamentum relectum, per quo constituit sanctam ecclesiam catholicam Ravennate, testis subscribsi. »

[2] Huschke, *Zeitschrift*, *loc. cit.*, p. 199-201. — *Contra:* Haubold, *Opuscula academ*, II, p. 832, ed. Stieber. Leipzig 1829.

[3] Voy. Buttmann, *Zeitschrift für gesch. Rechtsw.*. I, p. 283.

parfait s'il ne portait à l'extérieur les cachets et les signatures des cinq *testes*[1]. Il ne faut pas aller trop loin pourtant dans cette voie, et prétendre que la *superscriptio* devait de plus être faite par le *libripens* et le *familiæ emptor* ou l'*antestatus*[2]. Paul, en parlant de l'ouverture du testament, ne mentionne que les *testes* (Paul., *Sent. recept.*, IV, 6, § 1), et cette expression ne servait jamais qu'à désigner les cinq témoins proprement dits[3]. D'un autre côté, dans les *notitiæ* que nous trouvons jointes aux actes écrits, le *libripens* et le *familiæ emptor* ne sont placés qu'après les témoins, quoiqu'ils eussent en général le pas sur eux[4]. Mais j'admettrai, comme pour la *subscriptio*, que ce devait être un usage très-répandu de faire signer et sceller le testament par toutes les personnes qui y figuraient[5].

22. Nous connaissons donc à présent les formes ordinaires du testament civil : la *superscriptio* des cinq témoins, celle du *libripens* et du *familiæ emptor* (ou de l'*antestatus*), la *subscriptio* de ces diverses personnes, toutes formes, à l'exception de la première peut-être, qui pouvaient manquer sans que l'acte fût nul, que la coutume plutôt que la loi avait introduites. Tel donc était l'état des choses quand la *bonorum possessio* prit naissance : le préteur ne devait pas manquer d'en profiter. Lui qui visait avant tout à la célérité, ne trouvait-

[1] Treckell, *De origine et progressu test. fact.*, cap. 3, § 43, p. 162 et suiv. Savigny, *Zeitschrift für gesch. Rechtsw.*, I, p. 84. Leist, *Die bonorum possessio*, I, §§ 27 et suiv., p. 155 et suiv.

[2] C'est ce qu'admet Treckell, *De origine test. fact.*, cap. 3, §§ 45 et suiv., p. 166 et suiv.

[3] Ulpien, XX, §§ 6, 7, cf. §§ 3, 4, 5, 8.

[4] *Flavii Syntrophi don. instr.*, p. 6, 52.

[5] Voy. *supra*, p. 33, note 1.

t-il pas dans la *superscriptio* un moyen excellent d'arriver à ses fins? Quand on lui présentait un testament portant extérieurement les noms et les cachets de sept citoyens romains et intérieurement la *subscriptio* de ces mêmes personnes[1], n'y avait-il pas de fortes présomptions que la *mancipatio* avait eu lieu?

De plus, la présence de sept citoyens romains n'était-elle pas un gage de l'accomplissement des diverses conditions requises pour la validité du testament? Pouvait-on présumer qu'elles auraient prêté leur concours à un acte entaché de nullité? Le préteur ne devait pas hésiter dès lors à déférer la *bonorum possessio secundum tabulas*, quand le testament était revêtu de sept *signa*. Est-ce à dire pourtant que cette *obsignatio* était une condition indispensable pour que l'on pût obtenir la *bonorum possessio?* L'héritier inscrit dans un testament qui ne portait aucun cachet (si le droit civil n'en exigeait aucun) ou qui n'en portait

[1] Le préteur devait se faire apporter le testament et l'ouvrir: c'était le moyen le plus simple de savoir qui était institué héritier. Cela semble contredit par la L. 1, § 2. *De bonorum possessione sec. tab.*, 37, 11; mais au fond il n'en est rien. — Si l'*apertura tabularum* est une voie naturelle et commode d'arriver à connaître le nom du *scriptus heres*, cela ne veut pas dire qu'il fallait en faire une condition *sine qua non* de la *delatio*, et déclarer par suite toute *bonorum possessio sec. tabulas* impossible quand le testament ne pouvait pas être porté devant le préteur. Pourquoi n'aurait-on pas permis à celui qui demandait la *bonorum possessio* d'établir par d'autres modes de preuve qu'il était institué héritier dans le testament dont l'existence était certaine, mais que des circonstances particulières empêchaient encore d'être ouvert en présence du magistrat? Voilà tout ce que veut dire la L. 1, § 2 *cit.*; voilà en quel sens il faut entendre les mots: « *Nec enim opus est, aperire eas, ut bonorum possessio sec. tab. agnoscatur.* » — Cf. Leist, *Die bonorum possessio*, I, § 30, p 180, note 10.

que cinq (si tel était le nombre requis par le droit civil), était-il exclu du bénéfice de la *bonorum possessio?* Je ne saurais le croire. La *bonorum possessio secundum tabulas* n'était-elle pas donnée *omnibus jure scriptis heredibus*[1] ? N'a-t-elle pas été introduite *confirmandi juris civilis gratia*[2]? — Seulement, une partie des avantages qui étaient attachés à la succession prétorienne disparaissaient par le fait même : l'héritier était obligé de fournir la preuve complète que le testament était valable d'après le droit civil, ou au moins qu'il réunissait les conditions nécessaires pour qu'une *bonorum possessio supplendi gratia* pût être déférée. Je ne puis même admettre avec Leist[3] que le *scriptus*, au cas où le testament n'était revêtu que de cinq cachets, obtenait la délation dès qu'il prouvait que les cachets manquants étaient ceux du *libripens* et du *familiæ emptor*. Ceci, en effet, reviendrait à dire que le préteur exigeait seulement la *superscriptio* des cinq témoins. Or comment concilier ce système avec les nombreux textes où l'on nous parle des sept *signa* et des sept témoins que suppose la *bonorum possessio*[4]? Et puis la garantie que nous avons vu résulter de la présence des sept cachets était-elle la même quand cinq seulement se trouvaient sur le testament? C'était beaucoup déjà de se contenter d'une preuve aussi sommaire, et il est difficile de croire que le préteur l'eût simplifiée encore. Enfin

[1] Inst. III, *De bonorum possessionibus*, 9, § 3.
[2] Cf. Inst. III, *De bonorum possessionibus*, 9, § 1.
[3] Leist, *Die bonorum possessio*, II, 2e part., § 131, p. 93-94.
[4] Voy., par exemple, L. 7. *De bonorum possessionibus sec. tab.*, 37, 11. Gaius, II, § 119. Ulpien, *Lib. reg.*, XXIII, § 6.

nous ne voyons pas comment plus tard on aurait fait un pas en arrière, comment on en serait revenu à exiger deux cachets de plus; car il est certain que le testament prétorien dont il va être question devait être revêtu de sept *signa.* Leist invoque à l'appui de son opinion la C. 2, *De bonorum possession. sec. tab.* (6, 11). Suivant ce texte, dit-il, le testament d'où naît la *bonorum possessio* ne peut plus être apprécié que d'après l'édit, comme le montre l'opposition que fait l'empereur entre le testament écrit et le testament nuncupatif; or cela pouvait signifier seulement qu'on ne serait plus admis, comme par le passé, à prouver que les deux cachets manquant au testament étaient ceux du *libripens* et du *familiæ emptor.* — C'est aller chercher bien loin ce qui se trouve sous la main. Le sens de la C. 2, *De bonorum posses. sec. tab.*, est des plus simples: elle veut dire que le rescrit d'Antonin n'a pas touché au testament nuncupatif. Tandis que l'héritier institué dans un testament écrit revêtu de sept cachets, quoique *non jure perfectum*, est maintenant un véritable successeur, celui qui se prévaut d'un testament nuncupatif obtiendra bien la *bonorum possessio secundum nuncupationem*, s'il prouve que l'acte a été fait en présence de sept personnes, mais le testament sera seulement présumé *jure civili factum;* en d'autres termes, s'il est reconnu entaché d'une nullité, l'héritier inscrit n'aura plus aucun droit, il ne sera ni *bonorum possessor* ni *heres.* — L'autre texte que Leist cite à l'appui de sa thèse, la *Consultatio veteris jurisconsulti*, § 6[1], ne saurait nous être sérieusement opposé.

[1] *Consultatio veteris jurisconsult.*, cap. VI, p. 402. *Cura* Pugge. Bonnæ 1831. *Corpus juris antejustin.*, I.

23. On voit clairement par ce qui précède qu'à l'époque classique il n'y avait pas de forme de testament spéciale au droit prétorien; sans doute, l'héritier institué dans un testament où la mancipation avait été omise pouvait être mis, soit provisoirement, soit d'une façon durable, en possession de l'hérédité, mais ce n'était là rien de spécial : le testament *irritum*, ou *ruptum*, ou *injustum*, procurait le même avantage. Mais les choses changèrent quand les empereurs protégèrent le *scriptus* d'un testament *non jure factum*, d'abord contre les héritiers institués dans un testament antérieur civilement valable, s'il était *proximus ab intestato*, puis même (rescrit d'Antonin) contre les héritiers *ab intestat*[1]. De ce moment, on put regarder comme une condition spéciale la présence de sept témoins, puisqu'il n'était plus question de *libripens*, ou d'*antestatus*, ou de *familiæ emptor*, dans un acte qui était formellement dispensé de la *mancipatio*; de ce moment aussi on dut s'habituer à regarder le testament *non jure factum* comme distinct du testament civil. Un pas pourtant était encore à faire : l'héritier institué dans un testament sans mancipation n'avait pas, à vrai dire, de droit successif, il était seulement protégé par l'*exceptio doli mali*[2]. Or il en fut ainsi jusqu'à l'instant où s'opéra la transformation de la

[1] L'héritier institué dans un testament *non jure factum* ne pouvait d'abord repousser ceux institués dans un testament valable antérieur s'il n'était pas le plus proche héritier *ab intestat*. Mais une fois qu'on lui reconnut un véritable droit successif, que le testament *non jure factum* fut le testament prétorien, le testament antérieur fut rompu par celui-ci. Cf. C. 21, § 3. *De test.*, 6, 23.

[2] *Collatio Mosaicarum et Rom. legum*, tit. XVI, cap. III, § 1 in fine, p. 381. *Cura* Blume, *Corpus juris antej.*, I Bonn 1831.

bonorum possessio, jusqu'après Dioclétien; alors, en effet, tout *bonorum possessor* étant regardé comme un successeur véritable, l'héritier institué dans un testament conforme aux prescriptions du rescrit d'Antonin et l'héritier civil devaient être mis sur la même ligne; le testament prétorien dut avoir sa place marquée à côté de l'ancien testament *per æs et libram.* Les textes en font foi : à partir de cette époque on put tester soit *jure civili*, soit *jure prætorio*[1]. Voici donc la succession prétorienne qui marche de pair avec la succession du droit civil : les effets sont les mêmes, les conditions seules sont différentes. De même que l'*agnitio* de la *bonorum possessio* est distincte de l'adition de l'hérédité civile, le testament prétorien revêt d'autres formes que le testament *ex jure civili.* Nous allons, à ce point de vue, opposer l'un à l'autre ces deux testaments, en même temps que nous ferons voir comment leur dissemblance alla chaque jour en s'affaiblissant.

1° Le testament prétorien exige la présence de *sept* témoins ; *cinq* témoins suffisent à la validité du testament civil (voy. C. 1 Th., *De testam. et codicillis*, 4, 4 ; Const. et Constance, 326). Ce ne devint là une véritable

[1] Voir notamment : *Novelle de Valent. III*, 446. Const. 1, *De test.* tit. XX. — *Interpretatio* ad C. 3. Th. *De testam.*, 4, 4. — *Interpretatio* ad Nov. Theod. II. C. un. *De test.*, tit. XVI. Nov. Const., ed. Hænel. Isidore, *Origines*, lib. IV, cap. 24.

Plus tard nous voyons attribuer au droit prétorien la même autorité qu'au droit civil en matière de testament. On ajoutait à la plupart des testaments une clause codicillaire ainsi conçue : « Quod si jure civili vel prætorio. . forsitan valere nequiverit... » Cf. procès-verbaux d'ouverture de testament en 521, 552. *Archiv für civ. Praxis*, V. p. 165. 169. — Testaments rapportés par Savigny, *Histoire du droit romain*, trad. Guenoux, II, p. 87, notes 61, 63, p. 89, note 68, p. 94, note 89 etc.

différence que du moment où la mancipation disparut : le *libripens*, l'*antestatus*, le *familiæ emptor* portaient même au delà de sept le nombre des personnes qui devaient figurer au testament *per æs et libram*.

2° Le testament civil n'est pas valable si la *mancipatio familiæ* n'a pas eu lieu ; le testament prétorien est dispensé de cette formalité. Toutefois la mancipation tomba peu à peu en désuétude, quoiqu'on ne puisse préciser au juste l'époque où elle cessa de se rencontrer. Cujas[1] prétend à tort qu'elle fut abrogée par la Const. 15, *De testam.*, 6, 23 (339); il a été trompé par les mots *ademptis his quorum imaginarius usus est*, qui se réfèrent uniquement aux termes dans lesquels l'institution d'héritier doit être conçue[2]. Je ne voudrais pas affirmer pourtant que cette Constitution n'a pas contribué, mais par son esprit plus que par son texte, à mettre la mancipation hors d'usage, et que celle-ci a survécu longtemps à ce coup qui lui était indirectement porté.

3° Le testament prétorien doit être revêtu de la *superscriptio* des *sept* témoins. Le testament civil était valable s'il portait *cinq* cachets ou peut-être même si aucune *obsignatio* n'avait été faite. Cette différence, qui paraît saillante au premier abord, perdait en pratique une grande partie de son importance, puisque, nous l'avons vu, c'était un constant usage de faire signer et sceller le testament par toutes les personnes qui y étaient appelées.

4° Le testament prétorien demande la *subscriptio* des

[1] Cujacius *ad Leg.* 20. *Qui test. facere poss.*, 28, 1, *Commentarius*, I, p. 1071-1072. Ed. Fabrot 1658.

[2] Cf. Savigny, *Zeitschrift für gesch. Rechtsw.*, I, p. 81, note 5.

témoins ; une Novelle de Théodose II (*De testamentis*, tit. XVI, Const. unica, 439) [1], qui a trait à ce testament dit formellement : *non subscriptum namque a testibus atque signatum testamentum pro imperfecto haberi convenit.* Au contraire, je ne crois pas que ce fût là une condition de validité du testament civil, car la Novelle ne se réfère pas à ce dernier, comme nous le montrerons plus loin, et la C. 3 Th. *De testam.*, 4, 6, ne prouve qu'une chose, à savoir que la *subscriptio* se rencontrait fréquemment dans les testaments conformes au droit civil : elle décide que si cinq témoins ont signé au bas du testament, celui-ci sera valable, encore que le testateur n'ait pas fait mention du nombre de témoins qui ont pris part à l'acte ou bien ait mentionné un nombre soit moindre soit plus élevé.

5° La mancipation disparue fut remplacée dans le testament civil par une *nuncupatio totius testamenti* [2], c'est-à-dire que le testateur donnait connaissance aux témoins du contenu de l'acte. Une pareille communication ne pouvait pas être exigée pour le testament prétorien, puisque la mancipation n'y avait jamais été en usage. Cependant il paraît résulter du préambule de la Novelle de Théodose que la *nuncupatio* avait fini par envahir aussi le testament prétorien ; c'était probablement la *subscriptio* qui y avait contribué, la signature du témoin étant précédée de la désignation de l'héritier institué. L'assimilation sur ce point du testament civil et du testament prétorien n'était pas sans inconvénients : il en résultait qu'un testateur n'avait plus aucun moyen

[1] *Novellæ Constitutiones*, ed. Hænel. Bonn 1844.

[2] Cf. Savigny, *Zeitschrift cit.*, p. 88, 89. Leist, *Die bonorum possessio*, II, 2e part., p. 108, 109.

de tenir secrètes ses volontés dernières. La Novelle de Théodose eut pour but de parer à ce danger : elle décida que celui qui voulait faire un testament prétorien n'aurait pas besoin d'en communiquer le contenu aux témoins; qu'il pourrait se contenter de leur présenter l'acte à signer, en prenant des mesures pour qu'il ne leur fût pas possible d'en prendre connaissance. Ainsi plus de *nuncupatio*, une simple *subscriptio* ne contenant pas même la mention du nom de l'héritier[1].

24. Est il arrivé un moment où les deux formes de testament qui viennent d'être étudiées se sont fondues en une seule? Quel a pu être ce moment? Justinien nous apprend bien que l'on avait jeté dans le creuset les dispositions de l'ancien droit, du droit prétorien et des Constitutions impériales, relatives aux testaments, et qu'il en était sorti un mode unique de tester qui n'est autre que le testament prétorien (J. II, *De test. ordin.*, 10, § 3). Mais les textes et les documents authentiques que nous possédons[2] montrent au contraire qu'en Occident le testament civil s'est constamment maintenu. Comment expliquer cette différence?

[1] Il semble à prime abord qu'il ne peut pas être question dans la Novelle d'une *subscriptio* proprement dite, puisque le testament est censé clos et scellé déjà par le testateur. Mais celui-ci n'a-t il pas pu recouvrir simplement la partie écrite du testament? L'empereur ne suppose-t-il pas que c'est là ce qui a eu lieu quand il dit : « in reliqua parte testamenti subscripserit? » Enfin la C. 28, § 1, *De test.*, 6, 23, montre que c'est bien à une *subscriptio* que nous avons affaire.

[2] C. 1, Th., *De testam.*, 4, 4, an. 326. — C. 3 eod. (396) *Interpretatio*, ad h. C. — Nov. Theod., II, *De testam.*, tit. 16. *Interpretatio.* — *Nov. Valentinien* III, C. 1, *De test.*, 20, 446. — *Ed. Theodorici*, tit. 28. — *Lex. Rom. Burgund.*, tit. 43, tit. 45. *De testam.* — Isidore, *Origines*, V, 24. — *Testaments originaux*. Savigny, *Histoire du droit romain*, trad. Guenoux, II, p. 89, note 68, p. 189-191, texte.

25. Suivant Treckell[1] et Leist[2], auxquels d'autres auteurs[3] et Savigny lui-même[4], quoiqu'il eût professé d'abord une opinion différente[5], sont venus s'adjoindre, le testament civil aurait été aboli par la Novelle de Théodose II (tit. XVI, *De testamentis*) dont nous nous occupions il y a un instant à peine et qui est devenue la C. 21, *De testam.*, 6, 23, du Code de Justinien. Sans doute, disent-ils, on trouve en Occident des traces de ce testament, et une Novelle de Valentinien III, postérieure de sept années, en parle (C. 1, *De test.*, tit. XX; *Nov. Valent. III*, 446); mais quelle preuve en voudrait-on tirer? Au milieu des troubles qui agitèrent cette partie de l'Europe, s'est-on bien rendu compte des innovations que Théodose venait d'introduire? Quant à la Novelle de Valentinien III, elle a été faite avant que celle de Théodose fût connue en Occident, la promulgation de cette dernière n'ayant eu lieu qu'en 448[6]. D'ailleurs en Orient même l'usage du testament civil se conserva, comme le montre la Const. 31, *De testam.*, 6, 23.

26. Il m'est impossible, pour ma part, de rien découvrir dans la Novelle de Théodose qui contienne l'abrogation du testament civil. Y est-il seulement question de ce dernier? Ne se réfère-t-elle pas manifestement au testament prétorien? Et dit-elle par hasard

[1] Treckell, *De origine test. fact.*, cap. 3, § 53, p. 186 et suiv.

[2] Leist, *op. cit.*, § 133, p. 106 et suiv.

[3] Bachofen, *Lehren des röm. Civilr.*, p. 197-211. — Rein, *Privatrecht*, p. 793, note 3. — *Heidelberg. Jahrbücher*, 1815, II, p. 684-698 etc.

[4] Savigny, *Vermischte Schriften*, I, 1850, p. 149-150.

[5] *Zeitschrift cit.*, 1, p. 82 et suiv.

[6] *Nov. Valent. III*, tit. XXV, *de confirm. leg. Divi Theodosii*

que ce testament à l'avenir pourra être seul employé? Rien de tout cela. Elle veut permettre de faire un testament sans en communiquer le contenu aux témoins: voilà son but. Ah! si elle décidait, comme semble l'insinuer Leist, que la *nuncupatio*[1] sera défendue dans tout testament écrit, le testament civil serait aboli, puisque sept témoins seraient toujours nécessaires! Mais elle n'en fait rien: « *licere* per scripturam conficientibus..., » dit Théodose; en d'autres termes, si l'on veut faire un testament sans *nuncupatio*, on devra employer la forme prétorienne; mais si l'on ne voit pas d'inconvénient à faire connaître ses volontés aux témoins, rien ne s'oppose à ce que l'ancienne forme civile soit employée. C'est ce sens aussi que l'*Interpretatio* donne à la Constitution. La Novelle ne dit pas davantage qu'un testament sera *imperfectum* s'il n'a été fait en présence de sept témoins[2]. Elle exige sept témoins, oui! quand il n'y a pas de *nuncupatio!* ou encore qu'il y a une *nuncupatio*, mais pas d'écrit, c'est-à-dire quand on fait un testament nuncupatif. C'est à cette espèce de testament que se réfère, en effet, le § 2 de la Novelle, comme l'indiquent les mots *per nuncupationem*, HOC EST SINE SCRIPTURA, et nullement à l'ancien testament civil, comme on a voulu le prétendre. — On insiste: ne voyez-vous pas que Théodose établit une alternative? Si une personne veut tenir secrètes ses dernières dispositions, elle fera un testament prétorien; dans le cas contraire, un testament nuncupatif. Point de place donc pour le testament civil! Par cela même que l'empereur a parlé du

[1] Je prends toujours le mot *nuncupatio* dans le sens de communication faite aux témoins du contenu du testament.

[2] *Contra:* Leist, *op. cit.*, II, 2e part., § 133, p. 110.

testament nuncupatif, il a exclu le testament écrit fait avec *nuncupatio!* — Cette argumentation n'est point convaincante. Si Théodose fait mention du testament nuncupatif, c'est pour y exiger la présence de sept témoins comme au testament prétorien. La *mancipatio*, en effet, n'y ayant été remplacée par rien, à la place du *libripens*, du *familiæ emptor*, de l'*antestatus*, il fallait appeler d'autres personnes, des témoins: le § 2 y pourvoit. Mais, dira-t-on, le testament civil ne demandait pourtant que cinq témoins! Sans doute, mais il offrait une garantie plus grande que le testament nuncupatif, puisqu'outre la *nuncupatio* il s'y rencontrait un acte écrit.

Maintenant, ne serait-ce pas une chose bien extraordinaire qu'un testament qui se maintiendrait malgré une prohibition formelle de la loi, tout en présentant plus d'inconvéniens que de réels avantages? — On se prévaut, il est vrai, de la C. 31, *De test.*, 6, 23, d'où il résulterait que dans les campagnes l'usage du testament civil, fait en présence de cinq témoins, était très-répandu. — Mais je crois qu'on s'est mépris sur le sens de cette Constitution. Justinien y a certainement en vue des coutumes locales (voy. Const., *in fine*) et se préoccupe surtout de la confection matérielle du testament. Lui qui ne veut pas porter atteinte à ces coutumes, comme il nous l'apprend, aurait-il commencé par exiger sept témoins, s'il s'était agi réellement de l'ancien testament civil? Tout prouve, d'ailleurs, que ce n'était pas le nombre des témoins présents à l'acte, mais la *subscriptio* et la *superscriptio* qui avaient été modifiées par l'*antiqua consuetudo* dont il est question[1].

[1] Cf. Marezoll, *Ueber das sogenannte* TESTAM. RUSTICORUM (*Archiv für civ. Praxis*, IX, p. 305 et suiv.).

27. Voici maintenant par quelles phases le testament me paraît avoir passé, soit en Orient, soit en Occident. — En Orient, la Novelle théodosienne ayant dispensé le testament prétorien de la *nuncupatio* et modifié la *subscriptio* dans le sens que nous avons dit, ce testament dut supplanter entièrement le testament civil. Ne présentait-il pas l'immense avantage de dérober à la connaissance des témoins les dispositions dernières du testateur? Et ses formes étaient-elles plus compliquées pour cela? Était-ce une chose bien gênante, dans une ville, d'appeler deux témoins de plus? Le testament, d'ailleurs, ne se trouvait-il pas entouré par là d'une garantie plus grande? — La *subscriptio* aussi, de même que la *superscriptio*, n'étaient-elles pas commandées déjà au testateur par son propre intérêt? — Le testament civil tomba ainsi en désuétude (c'est à cela peut-être que se réfèrent les premiers mots du § 3, Inst., *De test. ordin.*: « Cum paulatim tam *ex usu hominum*, quam ex Constitutionum emendationibus... »), et Justinien, pour l'abroger, n'eut qu'à insérer la Novelle de Théodose dans une compilation où il n'était nulle part question du testament civil, qu'à en faire la C. 21, *De test.*, 6, 23.

Les choses purent-elles se passer de même dans l'empire d'Occident? Je ne le crois pas. — La Novelle de Valentinien, en 446, parlait encore des *quinque testes;* la publication de celle de Théodose II, quoique postérieure (448), ne pouvait donc produire en Occident le même effet qu'en Orient l'insertion dans le Code de la C. 21, *De test.*, ne pouvait abolir le testament civil. Les circonstances aussi étaient différentes : on n'avait pas pu s'apercevoir encore en Occident des avantages du testament prétorien dégagé de la *nuncupatio*. Et alors arriva le grand bouleversement de l'an 476; l'empire croula, les barbares s'établirent sur ses ruines. Au milieu des troubles et des agitations continuelles de cette époque, partout où le droit romain se maintint on dut s'en tenir aux traditions anciennes: ce n'était pas le moment de discuter de l'opportunité de telle ou telle forme de testament; d'ailleurs le testament civil était autorisé par la Novelle de Valentinien aussi bien que le testament prétorien par la Novelle de Théodose. Je m'explique de la sorte pourquoi les testaments purent être faits en présence ou de cinq ou de sept témoins, probablement au gré du testateur, et sans que celui-ci fût obligé d'employer des formes bien différentes dans l'un de ces cas que dans l'autre [1].

28. Nous venons de nous occuper du testament *non jure factum*, devenu *testament prétorien;* quelques mots maintenant des testaments *ruptum*, *injustum*, *irritum*. L'héritier institué dans un testament rompu par l'agnation d'un posthume mort ensuite avant le testateur (test. *ruptum*) arrivait à la succession pourvu qu'il fit l'*agnitio bonorum possessionis* (L. 12, pr., *De inj. rupt.*). Au contraire, ceux institués dans un testament ou *irritum*, ou *injustum* (nous savons le sens à attribuer à ces expressions), pouvaient bien faire l'*agnitio*, mais ils n'obtenaient l'hérédité soit par l'*interdictum quorum bono-*

[1] *Edictum Theodorici*, tit. 28. PAPIANI *responsa*, tit. 44. *Interpretatio*, ad C. 1 Th., *De testamentis*, 4, 4, ad C. 3 *eod. Lex Burgund.*, tit. 43, § 1. *Capitulaires de Charlemagne.* Baluze I, 245. — Voy. aussi les testaments francs et lombards rapportés dans Savigny, *Geschichte des römischen Rechts im Mittelalter*, 2e éd., 1850, II, §§ 38 et suiv., § 83.

rum, soit par l'*her. petitio possessoria*, que s'ils n'avaient en face d'eux que des personnes *non heredes*, appelées après eux à la *bonorum possessio.*

SECTION II.

SUCCESSION AB INTESTAT.

29. La *bonorum possessio ab intestat* comprenait quatre classes de successeurs : les ordres *unde liberi*, *unde legitimi*, *unde cognati*, *unde vir et uxor* (cf. J. III, *De her. quæ ab intest.*, 1, § 13). Les héritiers siens et les agnats avaient d'abord formé à eux seuls l'ordre *unde legitimi ;* mais d'autres personnes y furent ensuite comprises. Le sénatus-consulte Tertullien rendu soit sous Adrien, soit en 158 sous Antonin-le-Pieux, je ne veux pas me prononcer à cet égard[1], appela à l'hérédité lé-

[1] Les Institutes disent que ce sénatus-consulte a été rendu *Hadriani temporibus* (Inst. III, *De sen. cons. Tert.* 3, § 2) ; beaucoup d'auteurs n'hésitent pas en conséquence à le placer à cette époque (Heineccius, *Antiq. Rom.*, lib. III, 3, § 3. Tigerström, *Æussere Geschichte*, § 24, p. 119. Burchardi, I, § 106, p. 250 etc.). — Mais cette opinion n'est pas aussi certaine qu'elle peut le paraître. Les fastes consulaires ne mentionnent pas de consul du nom de Tertullus avant l'année 158. D'un autre côté, on peut citer d'assez nombreux textes où Antonin-le-Pieux est désigné par le nom de son père adoptif Adrien (voy. L. 37, *De jud.*, 5, 1 ; cbn. L. 5, § 1, *Ad leg. Jul. de vi publica*, 48, 6. — L. 91, *Ad leg. Falcid.*, 35, 2 ; cf. L. 93, *eod.* L. 58, § 3, *Ad sen. cons. Trebell.*, 36, 1 ; (cf. Cujas, *Notæ in Institut. ad hunc tit.*, vol I, éd. Fabrot). — L'argument tiré des *fastes* me convaincrait donc s'il n'était connu que depuis Auguste il y eut à Rome un grand nombre de consuls *subrogés* (*suffecti*), substitués aux *ordinarii* pour un, deux, trois mois, et que ceux nommés les premiers donnaient seuls leur nom à l'année (cf. Dion Cassius, XLIII, 46 ; XLVIII, 35). — J'ajouterai enfin que ce qui paraît décisif à Burchardi, la circonstance que Salvius Julianus a écrit sur ce sénatus-consulte (cf. L. 1, § 11. L. 2, § 9, *Ad sen. cons. Tert.*), est loin d'être une preuve, car ce jurisconsulte vivait sous Adrien, Antonin-le-Pieux et Marc-Aurèle.

gitime la mère qui jusqu'alors ne succédait qu'*unde cognati*. En 178, sous Marc-Aurèle, le sénatus-consulte Orphitien déféra réciproquement aux descendants la succession de leur mère. Enfin, la Constitution de Valentinien et Théodose de l'an 389 et des Constitutions postérieures accordèrent aux descendants de filles, et aux frères et sœurs émancipés des droits successifs qu'on leur avait refusés jusqu'à ce jour. Toutes ces personnes peuvent, si elles y ont intérêt, faire l'*agnitio bonorum possessionis;* et ce sera toujours une *bonorum possessio unde legitimi*, et non point *quibus ex legibus* que la leur. Quoique ces deux espèces de *bonorum possessiones* aient été souvent confondues, elles n'en sont pas moins bien distinctes. La *bonorum possessio quibus ex legibus* se rencontre quand une loi ou un sénatus-consulte, au lieu de conférer à une personne le titre d'héritier, ne lui donne que celui de *bonorum possessor*, et subordonne ainsi son droit à la délation de la *bonorum possessio*. On comprend qu'en pareil cas il fût besoin d'une disposition expresse de la loi pour obliger le préteur à déférer la *bonorum possessio*, puisque le nouvel appelé n'était, à vrai dire, ni héritier civil, ni successeur prétorien, s'il ne pouvait tirer sa vocation de l'Édit (cf. L. 3, *Unde legitimi*, 38, 7 ; L. un. pr. *Ut ex legibus senat. ve cons.*, 38, 14). Au contraire, le droit à la *bonorum possessio unde legitimi* était acquis *de plano* à tous ceux qui succédaient *ex jure civili*, aux héritiers légitimes en un mot. Qu'ils fissent ou non l'*agnitio* de la *bonorum possessio*, ils n'en arrivaient pas moins à l'hérédité ; mais aussi le préteur ne pouvait pas leur refuser les avantages résultant de la *bonorum possessio* quand ils voulaient s'en prévaloir. On voit, d'après ce qui vient d'être dit, que la *bonorum possessio quibus ex legibus* ne devait être que d'un usage très-restreint, et ne guère se rencontrer que dans des hypothèses où l'on ne voulait pas porter le trouble dans le système successoral précédemment établi[1].

Ce qui le prouve encore, sans parler de la rareté des textes qui ont trait à cette *bonorum possessio*, c'est qu'on la soustrayait à l'application de la règle: «Bonorum possessio semel delata amplius deferri non potest» (L. un., § 1, *Ut ex legibus*, 38, 14). Si elle avait pris place dans le *successorium edictum*, si elle avait eu pour but de le compléter, aurait-elle pu être gouvernée par d'autres principes que la *bonorum possessio* ordinaire? Mais on doit voir maintenant aussi que les divers successeurs appelés, soit en vertu des sénatus-consultes Tertullien et Orphitien, soit par les Constitutions impériales dont nous avons fait mention, ne pouvaient jamais être que des *bonorum possessores unde legitimi* (cf. la Loi 2, § 4, *Unde legitimi*, 38, 7).

Il me semble néanmoins que le rescrit d'Antonin-le-Pieux relaté par Ulpien (L. 2, § 9, *Ad sen. cons. Tertull.*, 38, 17) a créé une véritable *bonorum possessio quibus ex legibus*. D'après ce rescrit, quand un homme meurt, laissant sa mère et des descendants au premier degré qui n'auraient pu venir qu'*unde cognati*, au cas où la mère aurait renoncé, celle-ci ne doit pas pouvoir invoquer le sénatus-consulte Tertullien; elle et les descendants doivent obtenir concurremment la *bonorum*

[1] La *lex Julia et Papia Poppæa* en offre un exemple: le patron ne pouvait faire valoir les droits successifs qu'il tenait de cette loi qu'au moyen de la *bonorum possessio quibus ex legibus* (cf. Ulpien, *Lib. reg.*, XXIX, §§ 5-7).

possessio unde cognati. Eh bien! cette *bonorum possessio* n'est-elle pas *quibus ex legibus* pour les descendants? Pourraient-ils concourir avec la mère autrement que comme *bonorum possessores?* Et la délation aurait-elle eu lieu à leur profit, en dehors du cas de renonciation de la mère, si le rescrit n'avait enjoint de leur accorder d'une façon définitive la *bonorum possessio*, malgré la présence d'une personne qui était placée par l'édit dans un ordre préférable, l'ordre *unde legitimi?*

30. Nous allons montrer rapidement comment le *successorium edictum* du préteur fut modifié par le sénatus-consulte Tertullien et les lois postérieures. Nous nous placerons successivement avant et après la Constitution de Valentinien et Théodose de l'an 389.

31. *Avant 389.* — 1° *Succession d'un homme.* En première ligne sont appelés *unde liberi* tous les descendants siens ou sortis de puissance soit par une émancipation, soit par une adoption, à condition dans ce dernier cas que l'adopté ne se trouvait plus dans la famille de l'adoptant au décès du D. C. (J. III, *De her. quæ ab intest.*, 1, § 10 et suiv.; L. 2, § 6, *Ad sen. cons. Tertull.*, 38, 17 etc.). Si les *liberi* ne font pas l'*agnitio bonorum possessionis* ou s'abstiennent (L. 2, §§ 8, 10, 14, *Ad sen. cons. Tertull.*), la mère qui précédemment n'avait de droit que dans la classe des cognats, prend rang dans l'ordre *unde legitimi*. Mais elle est obligée parfois de céder le pas à d'autres héritiers légitimes, et parfois aussi, chose remarquable! de simples *bonorum possessores* lui ferment l'accès de l'ordre *unde legitimi* et la retiennent avec eux dans l'ordre *unde cognati*. Il faut rechercher à cet égard si le défunt a ou

non laissé des agnats. Dans la première hypothèse, la mère ne pourra être exclue que par les frères consanguins, elle concourra avec les autres agnats ou même les primera, pourvu seulement qu'elle ait le *jus liberorum* quand elle se trouve en présence de sœurs consanguines (J. III, *De sen. cons. Tertull.*, 3, §§ 3, 5; C. 1, Th., *De leg. hered.*, 5, 1; Constantin 321 [1]. C. 2, *eod.*, Valens, 369). Loin d'être pour elle une source de préjudice, l'adition de la succession par les agnats peut être d'un grand intérêt pour la mère. En effet, s'il n'y a pas d'agnats ou que les agnats existants renoncent, la mère peut se trouver entièrement écartée de la succession, ou en perdre une portion notable. Le sénatus-consulte Tertullien ne l'avait élevée au rang d'héritière que si le père du D. C. ne pouvait pas venir à l'hérédité ; au cas contraire, elle ne devait succéder que dans l'ordre *unde cognati* et être primée par suite par le père du défunt (L. 10, *De suis et legit.*, 38, 16 ; L. 2, §§ 15, 16, *Ad sen. cons. Tert.*, 38, 17. C. 2 *eod. tit.*, 6, 56). D'un autre côté, nous avons vu qu'un rescrit d'Antonin-le-Pieux avait décidé que les descendants du défunt qui ne pouvaient succéder que comme cognats devaient concourir avec la mère venant en vertu du sénatus-consulte Tertullien (L. 2, § 9, *Ad sen. cons. Tert.*, 38, 17). Dans ces deux cas donc la mère ne succédait que dans l'ordre *unde cognati*, si le père ou les descendants dont il vient d'être question n'étaient exclus par des agnats (L. 2, §§ 17, 18, 19, *eod. tit.*). — Après ces explications nous n'avons plus rien de spécial à dire sur

[1] Les règles établies par cette Constitution furent modifiées en partie par Théodose II et Valentinien III (C. 7, Th., *De leg. her.*, 5, 1, 426).

les ordres *unde cognati* et *unde vir et uxor* qui étaient appelés après la classe *unde legitimi*.

2° *Succession d'une femme*. Une femme ne pouvant avoir d'héritiers siens, l'ordre *unde liberi* ne se rencontrait jamais dans sa succession. Ses descendants admis par le sénatus-consulte Orphitien à lui succéder (L. 1, § 5, *Ad sen. cons. Tert. et Orph.*, 38, 17; L. 1, § 9, cf. § 8, *Unde cognati*, 38, 8. C. 3, *Ad sen. cons. Orph.*, 6, 57) étaient rangés dans l'*ordo unde legitimi* (L. 2, § 4, *Unde legitimi*, 38, 7). S'il n'y avait pas de descendants, c'étaient la mère et les diverses personnes dont nous avons parlé plus haut qui étaient appelées d'après les distinctions qui ont été indiquées. Mais si les descendants de la défunte, après lui avoir survécu, mouraient sans avoir fait adition, la *bonorum possessio unde legitimi* pouvait-elle être déférée à la mère et aux agnats? La question est importante: dans l'ordre *unde cognati*, la mère aurait primé les agnats dont elle était obligée de souffrir la préséance ou le concours dans la classe des *legitimi*. Dans le silence des textes, il est peut-être difficile de donner une réponse certaine. Sans doute ni le droit civil, ni le droit prétorien n'avaient admis en principe la *successio graduum* pour les *legitimi* (J. III, *De legit. agn. succ.*, 2, § 7), mais cela s'expliquait surtout par la rigueur extrême de la loi des XII Tables. Du temps de Gaius déjà, on était porté à introduire cette *successio*, et cette tendance, dans notre espèce, devait être d'autant plus forte que nous voyons les Constitutions impériales favoriser sans cesse le concours de la mère et des agnats. Il ne faut pas oublier non plus que le sénatus-consulte Orphitien n'est venu qu'après le sénatus-consulte Tertullien: n'est-il pas naturel dès lors d'admettre que l'on n'a voulu modifier l'état des choses établi par ce dernier sénatus-consulte que pour le cas où les descendants viendraient effectivement à la succession ? Il n'y a même pas de doute à cet égard dans l'hypothèse d'une renonciation (L. 1, § 9; L. 2, § 14, *Ad sen. cons. Tert.*, 38, 17; L. 6, § 1, *eod*). Et cette circonstance peut fournir un argument puissant, puisqu'en général ni la renonciation, ni le décès intervenu avant l'adition ne donnaient lieu à une *successio graduum* (cf. *not.*, J. III, *De leg. agn. succ.*, 2, § 7). J'incline donc fortement à croire que si les descendants appelés en vertu du sénatus-consulte Orphitien ne pouvaient pour un motif quelconque ou ne voulaient recueillir la succession ouverte à leur profit, celle-ci devait revenir à la mère et aux agnats succédant *unde legitimi*, d'après des règles qu'il est inutile de rappeler.

32. *Après 389.* — La Constitution de Valentinien, Théodose et Arcadius de l'an 389 (C. 4, Th. *De leg. her.*, 5, 1; cf. C. 9, *De suis et leg.*, 6, 55. J. III, *De her. quæ ab intest.*, 1, § 15. J. III, *De sen. cons. Orphit.*, 4, § 1) donna des droits héréditaires aux petits-fils issus de filles, qui précédemment ne pouvaient jamais succéder que comme *cognats*, en vertu de l'Édit. Cette innovation présente quelque intérêt pour nous dans la successsion d'un homme. Les descendants de filles, en effet, n'auront de droits que dans l'ordre *unde legitimi*, ils ne sont pas héritiers siens, ils ne l'ont jamais été, et pourtant ils doivent concourir avec les *liberi* appelés avant eux, pouvant obtenir la *bonorum possessio* avant qu'ils puissent, eux, la demander! N'est-ce pas là une chose extraordinaire, bizarre? Ne faisait-on pas une position trop inégale aux divers descendants? On

pourrait le croire, si l'on n'avait présente à l'esprit la transformation qui s'était opérée dans la nature de la *bonorum possessio* du temps de Dioclétien. Ah! si les *liberi* avaient pu demander et obtenir la possession de l'hérédité sans que les descendants de filles eussent pu s'y opposer, ils auraient eu sur ces derniers un grand avantage. Sans doute, poursuivis par l'*hereditatis petitio*, ils se seraient vus contraints de restituer une partie de la succession, mais jusque-là ils étaient en possession, et pendant le litige ils avaient le rôle de défendeurs. Je ne parle pas même de l'utilité que l'*agnitio* de la *bonorum possessio* donne à l'héritier dans ses rapports avec les tiers. — Mais la Constitution de Valentinien et de Théodose est postérieure aux changements survenus dans le système prétorien. En conséquence, les *liberi* purent bien faire l'*agnitio*, mais s'ils avaient voulu, soit par l'*Interdit Quorum bonorum*, soit par l'*hereditatis petitio possessoria*, revendiquer au delà de leur part héréditaire, ils auraient été repoussés. — Pourtant, n'y avait-il pas désavantage pour les descendants de filles en ce que, pendant un certain temps au moins, ils ne pouvaient jouir du bénéfice de l'interdit? — Cela aurait été vrai avant Constance, cela ne l'était plus depuis que la C. 9, *Qui admitti ad bonorum possession.*, 6, 9, avait permis de faire l'*agnitio* dès avant l'expiration des délais pendant lesquels l'ordre précédent pouvait la faire.

SECTION III.

HÉRITIERS SIENS ET NÉCESSAIRES. — ÉMANCIPÉS.

33. La *bonorum possessio contra tabulas* existe toujours, donnée aux mêmes personnes et en général pro-

duisant les mêmes effets qu'à l'époque classique [1]. Les institutions accessoires qui y étaient attachées, *bonorum possessio commisso per alium edicto*, *edictum de legatis præstandis* [2], *collatio* [3], n'ont pas subi non plus de transformations bien notables. Mais la fusion du droit civil et du droit prétorien ne s'en fait pas moins sentir. Précédemment, la *bonorum possessio contra tabulas* était un bénéfice qui devait être octroyé par le préteur; depuis Dioclétien, c'est de plein droit qu'on devient *bonorum possessor* par le seul fait d'une manifestation solennelle de volonté, d'une *agnitio bonorum possessionis*, sauf à faire triompher ensuite ses prétentions à l'aide d'une *action*. Cette action, qui naît de la *bonorum possessio contra tabulas*, immédiatement, par la simple *agnitio*, n'est-ce pas là du droit civil? — Voici d'ailleurs un texte qui fournit la preuve de ce qui vient d'être dit; il mentionne, sous le nom d'*actio præteriti*, l'action donnée au *bonorum possessor contra tabulas* et la met sur la même ligne que la *querela inofficiosi testamenti*... «Si quis sibi vel inofficiosi querelam «vel præteriti competere duxerit actionem, hanc «utramque secundum juris et legum statuta serva-«mus» (Nov. Valentinien III, C. 1, § 6, *De testamentis*, XX; Nov. Theod. et post. Theod.)

[1] Un rescrit de Marc-Aurèle avait cependant restreint les droits des *femmes* demandant la *bonorum possessio contra tabulas*. Voy. not. C. 4, *De liber. præt.*, 6, 28. Cf. Hingst., *Commentatio de bonorum possessione*, p. 163 et suiv.

[2] Antonin-le-Pieux a toutefois réglementé en partie cette matière. Cf. L. 5, §§ 6, 7. L. 7, L. 8, pr. L. 23, *De legatis præstandis*, 37, 5. L. 3. L. 7, *De conjungendis cum emanc.*, 37, 8.

[3] Voy. surtout Vangerow, *Lehrbuch der Pandekten*, II, § 515, p. 316 et suiv., 1867.

CHAPITRE III.

De l'agnitio bonorum possessionis dans ses rapports avec l'adition d'hérédité.

34. Aussi longtemps que la transformation que nous avons placée à l'époque de Dioclétien ne se fut pas opérée, que la *bonorum possessio* n'eut pas dépouillé son caractère primitif de bénéfice prétorien, pour devenir droit successoral, l'*agnitio* supposa toujours une intervention active du magistrat. C'était de son *imperium* que le *bonorum possessor* tenait ses droits; une *delatio* était indispensable. On ne pouvait donc regarder l'*agnitio* comme une adition d'hérédité; la nature même de la *bonorum possessio* y faisait obstacle. Mais autrement en fut-il une fois que le successeur prétorien puisa une véritable vocation héréditaire dans l'Édit. Alors, comme nous l'avons montré plus haut (nº 16), on reconnut trois modes d'acquisition de la succession: l'*agnitio* pour la succession *ex jure prætorio*, la *cretio* et la *gestio pro herede* pour la succession *jure civili*. La différence fut très-marquée d'abord entre les formes civiles et la forme prétorienne; mais elle alla en s'affaiblissant de jour en jour, et la fusion de l'*hereditas* et de la *bonorum possessio*, si complète déjà quant aux effets, s'étendit peu à peu aux conditions de formes auxquelles leur acquisition était soumise. C'est à cette lente combinaison que nous allons assister.

SECTION I.

DES FORMES D'ADITION DU DROIT CIVIL ET DU DROIT PRÉTORIEN AU TEMPS DE DIOCLÉTIEN.

§ 1. *Agnitio bonorum possessionis.*

35. Trois conditions surtout étaient exigées pour l'acquisition de la *bonorum possessio : l'agnitio* devait être *solennelle*, avoir lieu devant le *competens judex*, être faite dans certains délais.

1° L'*agnitio* devait être solennelle. — En quoi consistait cette solennité? Nous sommes condamnés très-probablement à ne jamais le savoir; les sources nous font entièrement défaut. On peut présumer que le *bonorum possessor* faisait sa déclaration en des termes sacramentels, après quoi le préteur lui délivrait un écrit où il était fait mention de l'accomplissement de cette formalité et du jour où il avait eu lieu; on y indiquait sans doute aussi l'époque de l'ouverture de la succession. Mais ce ne sont là que des conjectures, hasardées peut-être; une seule chose est certaine, la nécessité d'une *agnitio* solennelle. On peut voir: C. 1, 2, *Communia de succes.*, 6, 59. — C. 2, *Quorum bonorum*, 8, 2. — *Consultatio veteris jurisconsulti*, § 6, éd. Pugge, *Corpus juris antej.*, I, p. 402. — C. 9, *Qui admitti ad bonorum poss.*, 6, 9. — C. 7, § 3, *De curatore furiosi*, 5, 70.

2° L'*agnitio* devait être faite devant le *judex competens*. — Avant Dioclétien, la *bonorum possessio* ne pouvait être déférée que par le préteur à Rome, par le *præses* dans les provinces, eux seuls étant revêtus de l'*imperium mixtum* (cf. L. 3, 4, *De jurisd.*, 2, 1. L. 2, §§ 1 et suiv., *Quis ordo in possession.*, 38, 15. — L. 26, pr., *Ad municipalem*, 50, 1). Après la suppression de l'*ordo judiciorum*, l'*agnitio* continua à être faite devant les mêmes magistrats; mais il se présenta alors une anomalie assez singulière. A Rome, on faisait l'*agnitio* devant un magistrat qui n'avait plus l'*imperium*, le préteur: et peut-être même ne pouvait-on pas la faire devant le préfet de la ville, qui avait, lui, cet *imperium* que le préteur avait perdu [1]. Dans les provinces, au contraire, le *præses* ayant conservé son *imperium* et ses anciennes attributions, avait conservé aussi sa compétence exclusive en matière de *bonorum possessio;* les magistrats inférieurs ne pouvaient recevoir la déclaration du *bonorum possessor*, qu'il voulait se porter héritier. Il en fut ainsi jusqu'à la promulgation de la C. 9, *Qui admitti*, 6, 9. (Voy. encore C. 7, *eod. tit.*, 306.)

3° L'*agnitio* devait se produire dans des *délais* déterminés. — Les *parentes et liberi* étaient tenus de la faire dans l'année *utile* qui suivait la délation faite à leur profit, les autres *bonorum possessores* dans un délai (utile également) de *cent jours* [2]. Avant l'expiration des délais accordés à l'ordre précédent, un ordre suivant ne pouvait faire l'*agnitio*, à moins de prouver qu'il n'y avait avant lui aucun successeur préférable qui pût et voulût venir à l'hérédité.

[1] Si *l'agnitio* avait pu être faite devant des magistrats différents, la nécessité d'observer certains délais aurait-elle pu se maintenir?

[2] Voy. Inst., *De bonorum possessione*, 3, 9, §§ 8, 9. — Ulp., *Lib. reg.*, XXVIII, § 10. L. 1, §§ 8 et suiv. *De succ. edicto*, 38, 9. — L. 10, *De bonorum possessione*, 37, 1.

§ 2. *Cretio.*

36. La *cretio*, forme solennelle d'adition de l'hérédité civile, consistait dans une déclaration de volonté faite en termes sacramentels, devant témoins, souvent dans un délai déterminé[1]. On a l'habitude de la présenter comme un mode d'acquisition spécial à la succession testamentaire: c'est une erreur; la *cretio* se rencontrait également dans la succession *ab intestat* (Gaius, II, § 167; III, § 62). Toutefois Leist me semble aller bien loin en soutenant que c'est dans cette succession qu'elle fut employée tout d'abord, que de là elle fut transplantée par l'usage dans l'hérédité testamentaire[2]. — La *cretio* aurait été la forme d'adition la plus ancienne. — Ah! sans doute j'accorde volontiers que ce serait un contre-sens historique de prétendre qu'à l'origine déjà la succession pouvait être acquise *nuda voluntate:* il faudrait ne pas connaître le caractère si essentiellement formaliste de la législation de Rome naissante! Aussi ai-je montré plus haut que la *nuda voluntas* ne s'introduisit qu'assez tard. Mais y a-t-il un mode plus naturel de se porter héritier que de faire un acte d'immixtion? Et le formalisme ici n'était-il pas satisfait? N'était-ce pas aussi la seule adition qui pût se concilier avec l'*usucapio pro herede?* Aurait-on pu devenir héritier par une possession d'un an si une déclaration de volonté avait été en tous cas nécessaire? — Je crois donc que la *gestio pro herede* était la forme

[1] Gaius, II, §§ 164 et suiv. Ulpien, *Lib. reg.*, XXII, §§ 25-34. — Cf. Cicero, *ad Atticum*, XI, 2, 12. — Varro, *De lingua latina,* VI, 81; VII, 97-98. Cicero, *ad Atticum,* XIII, 46.

[2] Leist, *Die bonorum possessio*, II, 2e part., p. 120 et suiv.

d'adition la plus ordinaire, quand l'usage de la *cretio* prit naissance dans l'hérédité testamentaire; je ne voudrais pas prétendre pourtant qu'elle fût la seule; une acceptation solennelle était peut-être permise, sans qu'il y eût de règles bien certaines à cet égard. — Mais, dit Leist, si la *gestio pro herede* existait déjà, pourquoi le testateur, quand il voulait que l'adition fût faite dans un certain délai, ne permettait-il pas de la faire dans cette forme? Pourquoi créer un mode nouveau? Est-il seulement possible qu'un pareil mode se soit introduit par l'usage? Et s'il en est ainsi, comment expliquer que le testateur fût devenu ensuite l'esclave de cet usage, qu'il fût obligé, chaque fois qu'il voulait fixer un délai, d'imposer à l'héritier la nécessité de faire la *cretio*? — A tout cela il y a réponse. — La *gestio pro herede* était ici tout à fait insuffisante, et pouvait donner lieu à des complications sans nombre. Un délai est déterminé par le testateur; si l'héritier le laisse écouler sans faire adition, il est déchu: d'autres sont appelés. Mais comment saura-t-on si cette déchéance a été encourue, si cette vocation nouvelle a eu lieu? L'héritier ne pourra-t-il pas toujours prétendre qu'il a fait acte d'héritier dans le délai voulu, et ne sera-t-il pas bien difficile de contrôler la sincérité de ses assertions? — Il importait de couper court à toutes ces incertitudes, et il n'y avait pour le testateur qu'un moyen pour cela: c'était d'exiger que l'institué fît une déclaration solennelle, soit devant des témoins, soit devant le magistrat. L'usage prévalut de la faire devant des témoins. La *cretio* était née. — On le voit, rien de plus simple que cette origine; la nécessité même y donna lieu. L'intérêt du testateur à exiger cette forme d'adition était d'ailleurs tellement évident qu'elle dut s'attacher d'une façon indissoluble à la fixation d'un délai, et être bientôt une condition de sa validité ; à quoi l'intervention du préteur contribua peut-être.

37. Une fois qu'elle eut poussé des racines si profondes dans la succession testamentaire, la *cretio* ne dut pas tarder à détrôner dans l'hérédité *ab intestat* toute autre adition solennelle qui pouvait y être en usage. Il ne resta plus à côté d'elle que la *gestio pro herede*[1], et encore celle-ci en certaines hypothèses lui céda le pas. — Quand une succession était déférée à un esclave, le maître devait donner l'ordre de faire l'adition; mais l'esclave pouvait-il alors indifféremment ou faire la *cretio*, ou faire la *gestio pro herede?* Certainement non; la *gestio pro herede* suppose un certain pouvoir de gérer, d'administrer, de s'immiscer dans les biens héréditaires (je me place toujours encore à l'époque où la *gestio pro herede* ne comprenait pas l'adition *nuda voluntate*); or ce pouvoir, le maître ne l'avait pas conféré à l'esclave par cela qu'il lui avait ordonné d'accepter l'hérédité. Chaque fois donc qu'un ordre pur et simple était donné à l'esclave, il ne pouvait employer que la *cretio;* et l'on en arriva ainsi insensiblement à admettre que la succession déférée à un esclave devait toujours être acceptée dans la forme de la *cretio*[2]. — Ces mêmes principes furent étendus en-

[1] Cf. Gaius, II, §§ 166, 176-178; III, §§ 85, 87. Ulpien XXII, §§ 25, 34.

[2] Gaius II, §§ 189-190; III, § 212. — Cf. L. 25, § 7, *De acq. vel omitt. her.*, 29, 2. C. 7, *De jure deliber.*, 6, 30. Cbn. *Consultatio veteris jurisconsulti*, éd. Pugge, *Corp. juris antej.*, p. 402. — Voy. Huschke, *Studien*, p. 255-256. — Löhr, *Magazin*, III, p. 141. — Leist, *Die bonorum possessio*, II, 2e part., p. 123 et suiv. — Schilling, *Bemerkungen über röm. Rechtsg.*, p. 200.

suite au cas où c'était un fils de famille qui se trouvait appelé à une hérédité : dans cette hypothèse encore, le fils, n'étant que l'agent du père, n'avait pas en principe le droit de faire acte d'héritier, mais seulement de déclarer son intention d'accepter; on partit de là pour exiger rigoureusement la *cretio* toutes les fois qu'une succession était dévolue à un fils de famille[1]. — Tout me porte à croire néanmoins que dans ces divers cas l'*agnitio* de la *bonorum possessio* pouvait tenir lieu de la *cretio;* elle ne donnait pas prise aux mêmes objections que la *gestio pro herede* (cf. C. un., *De cretione vel bonorum possessione*, Th., 4, 1.)

38. D'après ce qui précède, on a pu voir l'importance très-grande qu'avait la *cretio*, soit dans la succession testamentaire, soit dans la succession *ab intestat*. Au temps de Dioclétien pourtant, elle était devenue déjà d'un usage beaucoup moins fréquent. La création du *jus deliberandi* lui avait fait perdre une grande partie de son utilité dans la succession testamentaire, et dans la succession *ab intestat* elle avait été supplantée par l'adition *nuda voluntate*. Restaient toutefois les cas où une hérédité était déférée à un esclave ou à un fils de famille ; mais nous verrons bientôt que Constantin et ses successeurs, en permettant au fils de recueillir la succession pour son compte, rendirent tout à fait sans motif la nécessité d'employer la *cretio* qui lui incombait précédemment.

[1] C. 1, 2, 4, 5, 8. Th., *De maternis bonis*, 8, 18. Le père seul pouvait faire la *gestio pro herede* avec le consentement de son fils. C. 4, *De jure deliber.*, 6, 30.

§ 3. *Gestio pro herede.*

39. Nous avons eu plusieurs fois déjà occasion de parler de cette forme d'adition, et ce que nous en avons dit nous permet d'être bref maintenant. — La *gestio pro herede* était certainement la forme la plus usitée dans la succession *ab intestat*, et, comme nous le montrerons, elle absorba complétement la *cretio*. A l'origine, elle supposait un acte ou une série d'actes qui fissent voir clairement l'intention de se gérer comme héritier: c'était donc une acceptation tacite[1]. Plus tard, au temps de Gaïus déjà, elle put consister en une déclaration de volonté libre de toute condition de forme, *nuda voluntas* (Gaius, II, § 167. J. II, *De hered. qual. et differ.*, 19, § 7. C. 1, Th. *De legit. hered.*, 5, 1).

SECTION II.

DES FORMES D'ADITION DU DROIT CIVIL ET DU DROIT PRÉTORIEN D'APRÈS LES CONSTITUTIONS DE CONSTANTIN ET DE SES SUCCESSEURS.

40. Dans la période de deux cents ans qui sépare Constantin de Justinien, un grand pas fut fait vers la fusion du droit civil et du droit prétorien. Jusque-là le mode d'acquérir la succession prétorienne avait été essentiellement distinct des formes d'adition du droit civil : la distance fut comblée, en grande partie au moins, par les constitutions de Constantin et des empereurs qui le suivirent. La manière dont ce progrès se réalisa est fort

[1] Ulpien, XXII, § 26. Paul, *Sent. recept.*, IV, § 25. — L. 20 pr., *De acq. her.*, 29, 2. — Cf. L. 21, § 1. L. 88, *eod.* — C. 2, *De jure deliber.*, 6, 30.

simple : l'*agnitio bonorum possessionis* fut assimilée de plus en plus à la *gestio pro herede*, et la *cretio* disparut. Ce sont là deux points qui méritent toute notre attention.

I. *L'*AGNITIO *se rapproche de la* GESTIO PRO HEREDE.

41. Les règles de l'*agnitio bonorum possessionis* furent profondément modifiées par une Constitution que l'on peut, avec beaucoup de vraisemblance, attribuer à Constance[1], en lui assignant la date de février 339 (cf. C. 15, *De testamentis*, 6, 23; C. 21, *De legatis*, 6, 37), — la C. 9, *Qui admitti ad bonorum poss.*, 6, 9. La réforme porta sur ces trois points :

1° La *solennité* de l'*agnitio* fut déclarée inutile; en d'autres termes, la déclaration de volonté du *bonorum possessor* ne devait plus rien avoir de sacramentel. « *Qualiscumque testatio* amplectendæ hereditatis ostendatur. »

2° L'*agnitio* put être faite devant un juge quelconque, même devant un magistrat municipal; la nécessité du *competens judex* fut supprimée.

3° L'*agnitio* fut permise *intra alienam vicem :* c'est-à-dire que pour la faire on n'avait plus besoin d'attendre l'expiration des délais accordés à l'ordre précédent. Quand un *bonorum possessor* faisait ainsi l'*agnitio* avant le temps, il est évident que ceux qui étaient placés avant lui dans l'*edictum successorium* ne pouvaient être déchus de leurs droits, empêchés de faire eux aussi l'*agnitio bonorum possessionis;* et alors il s'engageait un litige entre ces divers prétendants; c'était au juge à décider lequel d'entre eux était le véritable *bono-*

[1] *Non obstat*, C. 7, § 3. *De curat. fur.*, 5, 70.

rum possessor. Cette situation qui résulte de l'*agnitio inter alienam vicem* serait tout à fait inexplicable si l'on n'admettait avec nous que la *bonorum possessio*, à cette époque, avait le même caractère que l'hérédité; l'*agnitio bonorum possessionis*, que l'*aditio hereditatis*. Supposez que la nature de la *bonorum possessio* fût restée ce qu'elle avait été à l'époque classique, la règle « Delata semel bonorum possessio amplius deferri nequit » n'aurait-elle pas subsisté aussi? Et comment alors l'innovation de Constance eût-elle été possible?

42. Après cette Constitution 9 *Qui admitti*, que nous venons d'analyser, deux différences séparaient seules encore l'*agnitio* de la *gestio pro herede*. En premier lieu, l'*agnitio* devait se produire dans un délai déterminé, soit de *100 jours*, soit d'*un an*, à compter, je crois, de l'ouverture de la succession, et non plus de l'expiration du temps pendant lequel l'ordre précédent était appelé. Que disait en effet Ulpien? « Bonorum possessio datur parentibus et liberis intra annum *ex quo petere potuerunt*, ceteris intra centum dies » (Ulpien, *Lib. reg.*, XXVIII, § 10). Or l'*agnitio*, depuis la C. 9, *Qui admitti*, ne pouvait-elle pas être faite dès l'instant de l'ouverture de la succession? — La *gestio pro herede*, au contraire, n'était soumise par la loi à aucune condition de temps. — D'un autre côté, et c'est là la seconde différence, au lieu que la *gestio pro herede* pouvait consister dans une manifestation tacite de volonté, une déclaration expresse faite devant le juge était indispensable pour que l'*agnitio* fût valable. — Mais ces derniers vestiges d'une distinction maintenant sans objet entre les formes du droit civil et celles du droit prétorien durent s'effacer bien vite.

43. Pourquoi aurait-on imposé à un *bonorum possessor* la nécessité absolue de faire l'*agnitio* dans les cent jours ou dans l'année de l'ouverture de la succession? Ceux qui étaient appelés après lui n'avaient-ils pas le droit de se porter héritiers dans les mêmes délais? Bien plus, ne pouvaient-ils pas, après l'expiration du *spatium deliberandi* (qui était précisément de cent jours ou d'un an), faire déclarer renonçants tous ceux qui auraient négligé l'*agnitio?* Les intérêts des créanciers étaient également sauvegardés : le *jus deliberandi* leur donnait la faculté de regarder comme acceptant l'héritier ou le *bonorum possessor* le plus proche qui n'aurait pas renoncé en temps utile. Pourquoi donc, je le répète, faire encourir une déchéance de plein droit au *bonorum possessor* qui laissait écouler les délais? Les dangers auxquels il s'exposait en agissant ainsi n'étaient-ils pas un gage suffisant qu'il ne mettrait pas de lenteur à manifester sa volonté? De toute façon, d'ailleurs, les intéressés ne risquaient rien : il n'avaient qu'à agir s'ils le jugeaient convenable. Aussi voyez la Constitution 8, *Qui admitti*, 6, 9, postérieure sans doute à la C. 9 *eod.!* Elle permet dans tous les cas de relever le *bonorum possessor* de la déchéance qui résultait pour lui de l'expiration des délais : c'était supprimer cette déchéance, et à bon droit, comme nous l'avons montré. Tout me porte du reste à croire que Constance n'a fait ici encore que consacrer une pratique depuis longtemps établie, et qui avait dû seulement s'affirmer davantage à la suite de la C. 9, *Qui admitti.* Les termes mêmes dans lesquels la C. 8 *eod.* est conçue suggèrent cette pensée. — L'*agnitio* pouvait donc être faite aussi longtemps que les cohéritiers ou les créanciers de la suc-

cession n'avaient pas dirigé de poursuites contre le *bonorum possessor*[1], mais celui-ci devait bien rarement la différer au delà du délai de cent jours ou d'un an qu'on lui laissait pour délibérer. Or c'était là identiquement la situation de l'héritier qui voulait faire la *gestio pro herede.* Il n'était pas obligé de se prononcer dans un délai déterminé; seulement, s'il attendait que le *spatium deliberandi* fût écoulé, il avait à redouter que ses cohéritiers le fissent déclarer renonçant. — L'*agnitio* et la *gestio pro herede* se trouvaient ainsi complétement sur la même ligne; elles étaient permises au successeur jusqu'à ce que des poursuites fussent dirigées contre lui; mais en pratique elles devaient avoir lieu l'une et l'autre au moins dans un délai d'un an. C'est effectivement ce que nous apprend la C. 8, Th., *De maternis donis*, 8, 18 :.... « Filius edicti beneficium imploret, vel de successione suscipienda suam exponat voluntatem, dum tamen *intra annum* ad impetrandam bonorum possessionem *præscriptum*[2] uterque de possessione amplectenda suum prodat arbitrium[3]. »

[1] Nous verrons seulement plus tard (*infra*, n° 96) que le *bonorum possessor* avait intérêt à se renfermer dans les délais du *Successorium edictum*, puisque c'était là une condition d'exercice de l'Interdit *Quorum bonorum*.

[2] Cette expression qui semble contredire ce que nous avons avancé s'explique très-bien : la déchéance que devait encourir le *bonorum possessor* s'il laissait écouler les délais n'avait jamais été supprimée formellement : elle subsistait en principe, quoique ses effets fussent entièrement paralysés par la C. 8, *Qui admitti*, 6, 9. — Peut-être même Arcadius et Honorius n'ont-ils en vue que le *jus deliberandi*, auquel ils se réfèrent manifestement quand ils exigent que l'adition soit faite dans l'année.

[3] Une nouvelle preuve à l'appui de ce qui est dit au texte se tire de l'état du droit sous Justinien (cf. *infra*, n° 96, note).

44. Mais restait pourtant la deuxième différence dont il a été parlé plus haut. Celle-ci encore ne dura pas. A un autre propos déjà nous avons eu l'occasion de dire que la *gestio pro herede*, qui consiste en des actes d'immixtion ou même dans la *nuda voluntas*, peut donner lieu à des contestations nombreuses quand il faut prouver qu'elle a eu lieu dans un délai déterminé. Tel était ici le cas : l'héritier avait grand intérêt à ce que plus tard ses cosuccesseurs ne pussent venir lui dire qu'il n'avait pas fait l'adition dans le *spatium deliberandi*, et pour se mettre à l'abri de toute difficulté de cette sorte il avait un moyen bien facile, c'était de faire une déclaration devant le magistrat. Aussi je crois que l'usage d'une pareille déclaration ne tarda pas à s'introduire, et qu'ici encore la *gestio pro herede* et l'*agnitio bonorum possessionis* devinrent semblables l'une à l'autre. J'en trouve la preuve dans cette même Const. 8, Th., *De maternis bonis*, 8, 18, dont j'ai déjà cité un passage. A trois reprises différentes, la *successio* y est opposée à la *bonorum possessio*, de sorte qu'il n'y a pas de doute que la première expression ne doive désigner l'hérédité civile. Or voici en quels termes les empereurs parlent de l'adition de cette hérédité, adition qui ne peut être que la *gestio pro herede*..... « pater aut bonorum possessionem imploret, aut *qualibet actis testatione successionem amplectatur.* » — On pourrait vouloir prétendre que *testatio actis* est synonyme de *gestio pro herede* pris dans son sens primitif, que cela se rapporte à la manifestation tacite de volonté qui découle des actes d'immixtion. Mais une pareille prétention me paraît de tous points inadmissible; outre que l'expression *testatio actis* ainsi entendue serait d'une latinité très-douteuse, voici d'autres

preuves qu'il ne peut s'agir là que d'une déclaration faite devant le magistrat, d'une *testatio in actis.* C'est d'abord la suite même de la Constitution où il est question de « *exponere voluntatem de successione suscipienda :* » *exponere voluntatem!* cela ne suppose-t-il pas une adition *verbale?* C'est en second lieu la C. 9, *Qui admitti*, 6, 9, où nous voyons employer, pour désigner l'*agnitio* qui doit avoir lieu devant le juge, les mêmes termes de « *qualiscunque testatio amplectendæ hereditatis.* » N'est-il pas évident qu'Arcadius et Honorius avaient cette Constitution sous les yeux, et qu'ils se sont servis des mêmes expressions dans le même sens, voulant assimiler la *gestio pro herede* à l'*agnitio,* comme la pratique l'avait fait depuis longtemps?

45. Mais peut-on faire un pas de plus, peut-on aller jusqu'à dire que dans la succession testamentaire l'*agnitio* avait déjà disparu complétement, que la *missio ex edicto divi Hadriani* s'était substituée à la *bonorum possessio secundum tabulas?* Leist l'a pensé[1]. — Sans doute, la *missio* était plus large que la *bonorum possessio;* elle était donnée dans des cas plus fréquents[2]. Il suffisait, pour l'obtenir, de représenter un testament extérieurement valable, encore bien que des vices qui auraient fait obstacle à la *délation* de la *bonorum possessio* fussent connus, que le testament

[1] Leist, *Die bonorum possessio*, II, 2e part., p. 142-145, 148 et suiv.

[2] Voy. sur la *missio*, Paul, *Sent. recept.*, III, 5, §§ 4 et suiv. Cod. *De edicto divi Hadr. toll.*, 6, 33. C. 26, Th., *Quorum appell.*, 11, 36. Puchta, *Instit.*, III, p. 265. — Walter, II, p. 283. — Hingst, p. 239-240. — *Zeitschrift für gesch. Rechtsw.*, XII, p. 390, 391. — Vangerow, II, § 510, p. 366-367. — Savigny, *Vermischte Schriften*, II, p. 226, 247 248, 281, note 1, 319.

fût entièrement nul, par exemple à raison d'une *maxima capitis minutio* du testateur, ou de la *præteritio* d'un *suus* (cf. C. 2, *De edicto divi Hadr. toll.*, 6, 33). On a fait difficulté, il est vrai, d'admettre que la *missio* pût être donnée à l'encontre du *præteritus*[1]; mais pourquoi ne pouvait-il pas en être ainsi, l'Interdit n'était-il pas donné contre l'héritier[2]? Quoi qu'il en soit, cette différence importante que nous venons de signaler entre la *missio* et la *bonorum possessio secundum tabulas* devint plus sensible encore quand, après Doclétien, même dans les cas de *bonorum possessio supplendi gratia,* on ne put plus triompher par l'Interdit *Quorum bonorum*, s'il y avait un héritier civil préférable. — Malgré cela, je crois que la *bonorum possessio secundum tabulas* n'en subsista pas moins à côté de la *missio hadriana.* — D'abord, il pouvait se faire que le successeur testamentaire fût un *bonorum possessor corrigendi gratia :* n'avait-il pas un immense avantage à faire l'*agnitio* de la *bonorum possessio?* D'un autre côté, les conditions de la *missio* étaient sur plusieurs points plus onéreuses que celles de la *bonorum possessio.* — La *missio* devait être demandée dans l'année de l'ouverture de la succession ; l'*agnitio* de la *bonorum possessio* était en certains cas possible encore après l'expiration de ce laps de temps. — La *missio* était subordonnée à la condition que le testament fût ouvert en justice; rien de pareil n'était exigé pour l'*agnitio.* — Celui qui voulait obtenir la *missio* devait acquitter immédiatement la *vicesima;* la même obligation ne pesait pas sur l'*agnoscens.* — Autre différence. L'héritier

[1] Hingst, *loc. cit.*

[2] Cf. Vangerow, II, § 510, p. 367. Mayer, *Erbrecht*, I, § 136, p. 420.

qui avait été mis en possession par la *missio* pouvait être écarté de la succession par l'Interdit *Quorum bonorum;* la pétition d'hérédité était nécessaire pour faire perdre la possession à celui qui l'avait obtenue lui-même à l'aide de l'Interdit. — Maintenant, je trouverai dans la Const. 7, Th., *De testamentis*, 4, 4, et dans les C. 1 et 2, *De bonorum possessione secundum tabulas*, 6, 11, une preuve nouvelle que les deux institutions se maintinrent l'une à côté de l'autre. Je veux bien accorder que les Constitutions postérieures à Dioclétien qui parlent de la *bonorum possessio secundum tabulas* pourraient ne se référer qu'à la vocation héréditaire résultant d'un testament prétorien, abstraction faite des moyens de droit qui étaient donnés à l'héritier; mais d'une part la C. 7 *cit.* a certainement l'Interdit *Quorum bonorum* en vue, et les C. 1 et 2 *citt.* sont antérieures à Dioclétien.

46. En tous cas, la *missio* n'a pu remplacer la *bonorum possessio secundum nuncupationem*, car il me paraît difficile d'admettre que l'héritier institué dans un testament nuncupatif pût obtenir la *missio hadriana*. Les textes ne parlent jamais que du *scriptus*, et l'ouverture solennelle du testament était ici impossible.

47. Mais si la *misssio* n'était pas de nature à exclure l'interdit *Quorum bonorum*, au moins n'y avait-il pas à méconnaître l'affinité, la ressemblance très-grande qui existaient au fond et quant au but entre ces deux institutions. A une époque donc où régnait une tendance marquée à fondre ensemble le plus possible le droit civil et le droit prétorien, on dut nécessairement en arriver à étendre à l'acquisition de la *bonorum possessio* les conditions de forme plus simples de la *missio*, à

assurer les avantages de la *bonorum possessio secundum tabulas*, tout comme ceux de la *missio*, au successeur prétorien qui se serait contenté de faire l'*aditio simplex*. Ainsi la *gestio pro herede* devint suffisante pour obtenir la *bonorum possessio secundum tabulas*. Et ceci ressort de plusieurs textes qui ont été invoqués à tort pour prouver que la *missio* avait pris la place de cette *bonorum possessio secundum tabulas*. Le premier de ces textes est la C. 19, *De testamentis*, 6, 23, qui, pour un cas spécial, pour celui où il s'agit d'un *testamentum principi oblatum*, n'exige que la *gestio pro herede* au lieu de l'*agnitio bonorum possessionis*..... « nec super bonorum possessionis petitione ullam controversiam nasci, quum pro herede gerere cuncta sufficiat, et jus omne ipsa complere aditio videatur. » — Leist explique cette Constitution en la rapportant à la *missio*, comme si celle-ci avait tenu lieu maintenant de l'Interdit *Quorum bonorum*; mais dans cette supposition aurait-il été exact de dire : « jus omne ipsa complere aditio videatur? » L'*agnitio* n'aurait-elle pas été indispensable pour que le *bonorum possessor* pût se maintenir en possession? — Dans la C. 7, Th., *De testamentis*, 4, 4 la *gestio pro herede* nous apparaît de nouveau comme équipollente à l'*agnitio*. — Enfin la règle écrite pour une forme spéciale de testament dans la C. 19, *De testamentis*, 6, 23, est généralisée en ces termes par une Novelle de Valentinien III (Nov. I, § 5, tit. 20, Th., *De testamentis*) : « nec bonorum possessionis petendæ sustinebit necessitatem, *quam generaliter omnibus relaxamus*. » Si donc la Novelle suivante de Valentinien ne fait pas mention de l'*agnitio*, ce n'est pas, comme Leist le dit, parce qu'il n'était plus question alors de la *bonorum possessio secun-*

dum tabulas, mais bien parce que la *gestio pro herede* pouvait avoir la même efficacité.

48. Il faut prendre garde toutefois de ne pas se laisser égarer par les termes trop généraux de la Novelle de Valentinien III: la nécessité de l'*agnitio* ne fut supprimée que pour la *bonorum possessio secundum tabulas*. Elle dut se maintenir relativement à la *bonorum possessio secundum nuncupationem* et à la *bonorum possessio ab intestat*, puisque, la *missio* ne pouvant être demandée en pareil cas, le motif qui fit mettre sur la même ligne la *gestio pro herede* et l'*agnitio bonorum possessionis secundum tabulas* n'existait plus. Du reste, le droit civil et le droit prétorien ne s'étaient pas encore rapprochés l'un de l'autre au point qu'on pût combler tout d'un coup la distance qui séparait encore la *bonorum possessio* de l'*hereditas;* au temps de Justinien même la fusion n'était pas complète. Remarquez enfin combien peu il est vraisemblable que par ces quelques mots placés dans une Constitution qui ne s'occupe que de la succession testamentaire on ait voulu effacer une distinction aussi ancienne que celle de l'hérédité civile et de l'hérédité prétorienne !

II. *La* CRETIO *disparaît.*

49. Il a été dit plus haut que la *cretio* était à une certaine époque la seule forme d'adition qui pût être employée par le fils de famille ou l'esclave auxquels une succession était déférée; nous allons montrer comment on fit fléchir peu à peu cette règle rigoureuse.

50. Occupons-nous d'abord du cas où c'est un fils de famille qui est appelé à une hérédité. Deux motifs devaient faire supprimer ici la nécessité de la *cretio*.

D'une part, des Constitutions attribuèrent au fils de famille certains biens recueillis par lui à titre héréditaire (*bona adventitia*), et d'un autre côté la *nuda voluntas* pouvait très-bien tenir lieu de la *cretio*, dans les divers cas où la succession devait revenir encore au père de famille. Dès l'instant où il devint impossible de justifier l'exclusion de la *gestio pro herede* par la *cretio*, cette exclusion cessa, les diverses formes d'adition furent indistinctement permises au fils de famille. On est même allé plus loin: on a dit que la *cretio* non-seulement ne fut plus exigée, qu'on la défendit, à fur et à mesure que le pécule adventice reçut une extension plus grande, pour tous les cas où la succession devait rester au fils. Et pourquoi? C'est que, dit-on, l'emploi de la *cretio* aurait fait obstacle à ce que les biens héréditaires devinssent adventices; la *cretio* aurait fait acquérir l'hérédité au père de famille[1]. Je ne puis partager ce sentiment. Sans doute, comme j'ai commencé par le dire, la création de biens adventices contribua à rendre la *cretio* inutile, puisque rien n'était plus naturel que de permettre au fils de se gérer comme héritier du moment qu'il succédait pour son propre compte. Mais défendre la *cretio!* à quoi bon? Qu'avait-elle de si particulier pour que, malgré une disposition expresse de la loi, elle eût fait acquérir au père l'hérédité qui devait rester au fils? Il y a là une confusion évidente: ce n'est nullement parce que la *cretio* était employée que l'hérédité revenait précédemment au père de famille; c'est au contraire parce que l'hérédité devait revenir à ce dernier que la *cretio* devait être em-

[1] Leist, *Die bonorum possessio*, II, 2e part., p. 132-133, 139-141, 146-147.

ployée! Par suite, en défendant purement et simplement la *cretio*, les empereurs n'auraient pas par cela même reconnu au fils le droit d'acquérir pour lui la succession à laquelle il était appelé, et, d'un autre côté, le maintien de la *cretio* ne faisait pas obstacle à ce qu'il pût avoir et exercer un pareil droit.

Rien donc ne s'opposait à ce que le fils de famille se servît encore de la *cretio*; mais rien aussi ne l'y contraignait plus, que la succession dût ou non revenir à son père. Voilà ce que vont nous apprendre les Constitutions de Constantin et de ses successeurs jusqu'à Théodose et Valentinien.

51. La réforme porta d'abord sur les *bona materna:* l'usufruit et l'administration de ces biens furent seuls laissés au père ; le fils de famille en eut la propriété; dès lors il dut aussi pouvoir faire l'adition de la succession maternelle, dans n'importe quelle forme : « Cesset in maternis duntaxat successionibus commentum cretionis, » dit effectivement la C. 1, *De bonis maternis*, Th., 8, 18, voulant supprimer par là la nécessité de la *cretio* dans le cas spécial auquel Constantin se réfère (an 319).

52. La dévolution des *bona materni* et *paterni generis* fut réglementée à nouveau par les Const. 4 et 7, *De maternis bonis*, 8, 18. D'après la première de ces lois[1] (Constance, an 339), si le fils de famille qui avait été appelé à recueillir des *bona materni* ou *paterni generis*

[1] Voy. encore sur la C. 4, *De maternis bonis.* : Gothofredus, *Codex theodosianus cum perpetuis commentariis.* Lipsiæ 1736-1745, t. II, ad tit. *De maternis bonis.* Schilling, *Bemerkungen über röm. Rechtsgesch.*, p. 394 et suiv. Leist, *Die bonorum possessio,* II, 2e part., p. 131 et suiv., p. 146. Lœhr, *Uebersicht der Constitutionen von Constant. bis Theodos.*, II, p. 34.

meurt avant l'âge de six ans révolus, ces biens seront attribués à la ligne maternelle ou paternelle suivant les cas : ici encore la *cretio* n'avait plus de raison d'être. Mais la Constitution décide de plus que la *cretio* ne sera plus exigée quand même les biens *paterni* ou *materni generis* doivent revenir au père de famille, c'est-à-dire au cas où le fils atteint l'âge de six ans. Il n'y aurait certes eu aucun inconvénient à généraliser dès alors cette règle, au lieu de l'appliquer seulement à l'hypothèse dont s'occupait plus spécialement la Constitution : la *nuda voluntas* ne pouvait-elle pas remplir le même but que la *cretio*? — La C. 7, *De maternis bonis*, Th., 8, 18, ne changea rien à la première hypothèse; mais quant à l'autre, celle où le fils dépasse l'âge de six ans révolus, elle disposa que les biens *materni* ou *paterni generis* deviendraient *adventices*. La *cretio* eut ainsi moins d'objet encore, s'il est possible (an 395, Arcadius et Honorius).

Il ne restait plus qu'à généraliser: la C. 8, Th., *De maternis bonis* 8, 18, (Arcadius et Honorius, an 407) le fit, en déclarant que la *cretio* serait à l'avenir inutile non-seulement quand il s'agirait de biens *adventices* (et comme exemple elle cite les *bona materna*) mais aussi dans tous les cas où la succession devrait profiter au père de famille (§ 1, C. *cit.*). C'en était fait de l'ancienne règle touchant la nécessité de la *cretio*.

53. Je trouverais une application de ces principes nouveaux dans la *C. un. Th.*, *De cretione vel bonorum possessione*, 4, 1 (Théodose II et Valentinien III, an 426). Nous savons que la C. 4, Th., *De bonis maternis*, 8, 18, avait fait perdre au père tout droit à la succession maternelle qui se serait ouverte au profit du

fils *infans*, mort ensuite avant d'avoir atteint ses six ans révolus. Eh bien! ce droit, la C. un., *De cretione*, le lui rend, mais en l'affranchissant des conditions auxquelles son exercice était anciennement subordonné: en d'autres termes, le père n'est pas tenu de faire la *cretio* ou l'*agnitio bonorum possessionis* au nom de son fils, comme il était obligé de les faire avant la C. 4, *De bonis maternis*, 8, 18. Qu'il emploie la forme de la *nuda voluntas* ou toute autre, bien plus, qu'il ne fasse aucune adition avant la mort du fils, le résultat sera dans tous les cas le même; les *bona materna* seront acquis immédiatement au père de famille *jure patris* (cf. C. 18, § 1, *De jure deliberandi*, 6, 30). Pourquoi? C'est que la *cretio* n'est plus nécessaire pour que la succession déférée au fils puisse revenir au *paterfamilias.* A ce motif, qui n'explique pas tout, il faut en joindre un autre, le seul d'ailleurs que les empereurs indiquent, et qui se tire de l'analogie existant entre ce cas et celui où des biens *paterni* ou *materni generis* devaient être recueillis par la ligne paternelle ou maternelle. Encore qu'aucune adition n'eût eu lieu du vivant de l'*infans*, ces biens étaient attribués à l'une ou l'autre ligne; il devait donc en être de même quand le père avait droit aux *bona materna* de son fils.

54. De même que nous venons de voir s'effacer successivement la nécessité de la *cretio* dans les divers cas où une hérédité est dévolue à un fils de famille, elle dut disparaître également quand un esclave était institué héritier. Comment aurait-on pu la justifier encore? La *nuda voluntas* n'offrait-elle pas les mêmes avantages ou des avantages plus grands ?

55. Dans la succession testamentaire aussi le règne

de la *cretio* était passé. Elle ne se rencontrait plus dans les substitutions, et le *jus deliberandi* avait rendu sans objet l'obligation que le testateur imposait autrefois au *scriptus* de faire l'adition dans un certain délai. Ajoutez à cela les inconvénients qui étaient attachés à l'emploi de termes sacramentels, ou même seulement à l'emploi obligatoire de la langue latine. Il est donc impossible de croire que la *cretio* resta d'un fréquent usage, soit dans la succession testamentaire, soit dans la succession *ab intestat*, des formes plus simples pouvant produire toujours les mêmes effets qu'elle[1]. Je ne voudrais pas dire pourtant qu'on ne s'en servit plus jamais ; les Romains avaient trop le respect et la mémoire des vieilles traditions; mais son usage alla en s'affaiblissant, jusqu'à ce que Justinien consacrât sa complète déchéance (C. 17, *De jure deliberandi*, 6, 30).

RÉSUMÉ DU CHAPITRE III.

56. Le résultat auquel nos recherches viennent de nous conduire est le suivant :

Vers le commencement du cinquième siècle, la *cretio* ayant presque entièrement disparu, il ne restait plus réellement en présence que la *gestio pro herede* et l'*agnitio bonorum possessionis*. Or ces deux formes bientôt ne différèrent plus guère que de nom. Déjà la *gestio pro herede* pouvait équivaloir à l'*agnitio* dans la succession testamentaire ! Et dans les cas où elle devait encore être employée, l'*agnitio* offrait uue grande similitude avec la *gestio pro herede* telle que la pratique l'avait faite.

[1] Cf. Leist, *Die bonorum possessio*, II, 2e part., p. 125-126. Huschke, *Studien*, I, p. 257-258.

Cette exposition est-elle exacte, le moment n'était pas loin où l'*agnitio* devait tomber en désuétude, absorbée comme de juste par la forme d'adition du droit civil. Et, en effet, c'est ce que nous voyons sous Justinien [1]. Le *bonorum possessor*, pour acquérir l'hérédité, pour devenir successeur, se sert comme l'*heres* de la *gestio pro herede*: la solennité de l'*agnitio* a perdu toute utilité au point de vue de l'acquisition de la succession; quant à la nécessité de la faire dans un certain délai, elle n'existe plus (depuis l'an 339, au reste) qu'au point de vue de l'exercice de l'Interdit *Quorum bonorum* (*infra*, n° 96).

La disparition de la *cretio* et de l'*agnitio bonorum possessionis* se révèle encore clairement dans le *Bréviaire d'Alaric*. Je ne citerai que deux passages de l'*Interpretatio* du Code Théodosien : sur la C. un., *De cretione vel bonorum possessione*, le commentateur remarque : « Cretio et bonorum possessio antiquo jure a prætoribus petebatur, quod explanari opus non est, *quia legibus utrumque sublatum est* [2]. » Après la C. 1, Th., *De legit. hered.*, 5, 1, nous lisons dans le Bréviaire : « Sed in hac successione sola Constitutio præsens sufficit, ut inter matrem, patrem, eorumque filios et nepotes *bonorum possessio* PRÆSUMATUR ! »

[1] Hodie constitutiones principales dicunt, si quocumque modo is cui bonorum possessio competat intra tempus congruum ostenderit *se quomodocumque bonorum possessionem amplecti* eum habiturum perfectissimum ejus beneficium (Theophili antecessoris paraphrasis græca, ad § 10. Inst. III, *De bonorum possessione*, 9. Edit Gul. Otto Reitz, Hagæ 1751, I, p. 600.) Voy. *infra*, n° 96, texte et note.

[2] L'*Interpretatio* fait probablement allusion aux diverses Constitutions qui ont fait perdre leur utilité, soit à la *cretio*, soit à l'*agnitio*.

CHAPITRE IV.

Des actions données au bonorum possessor.

57. A l'origine, le *bonorum possessor* n'avait, pour faire valoir ses droits, que l'Interdit *Quorum bonorum* et les actions fictices; plus tard, il est fait mention d'une pétition d'hérédité accordée au successeur prétorien: deux textes, l'un d'Ulpien, l'autre de Gaius, que Justinien a placés sous la rubrique *De possessoria hereditatis petitione* (Dig., 5, 5), semblent se référer à cette action, et son existence au temps des empereurs est en tous cas prouvée par les nombreuses Constitutions qui parlent de la revendication de l'hérédité par le *bonorum possessor*[1], quand précédemment l'expression *vindicare hereditatem* désignait presque exclusivement l'*hereditatis petitio* de l'héritier[2]. La question se pose donc de savoir quand et comment cette nouvelle action a pris naissance, à quel besoin elle répondait, quelle lacune elle

[1] Voy. C. 9, *De her. pet.*, 3, 31. C. 4, *Qui admitti ad bonorum poss.*, 6, 9. C. 2, *Unde legitimi*, 6, 15. C. 2, *De successorio edicto*, 6, 16. C. 8, *De legit hered.*, 6, 58. C. 5, C. 8, *Commun. de succ.*, 6, 59.

[2] Voy. L. 3, *Expilatæ hered.*, 47, 19. C. 3, *De her. pet.*, 3, 31. C. 13, *De collat.*, 6, 20. C. 1, *De Carbon. edicto*, 6, 17. C. 8, *De jure deliber.*, 6, 30. C. 9, *Communia de succ.*, 6, 59 etc. Il n'y a guère d'exception que pour les cas où, comme nous le verrons plus tard, des motifs spéciaux avaient fait accorder une espèce d'*hereditatis petitio* au *bonorum possessor*. Voy. L. 19, *De inoff. test.*, 5, 2. — L. 26, L. 36, *De bonis libert.*, 38, 2. — Il est vrai que le C. 3, *De impub. et al. subst.*, 6, 26, dit, en parlant d'un *bonorum possessor* qui ne se trouve pas dans l'un de ces cas: *non successionem ab intestato vindicare potest;* mais elle a en vue l'exercice du droit que cet héritier tire du sénatus-consulte Orphitien.

devait remplir, et aussi quelle influence elle a exercée sur les moyens de droit qui appartenaient anciennement au *bonorum possessor*, si l'Interdit *Quorum bonorum*, si les actions fictices ont été supplantés par elle, ou s'ils ont continué à subsister avec un caractère nouveau. C'est à résoudre ces difficultés que nos efforts vont tendre.

§ 1. *Quand et pourquoi l'hereditatis petitio possessoria est-elle née?*

58. Nous nous trouvons ici en présence d'une des questions les plus ardues de notre matière, une de celles où, les textes faisant presque entièrement défaut, nous devons procéder avec beaucoup de prudence et de circonspection, surtout au milieu des nombreuses solutions qui ont été données déjà. Autant d'auteurs, en effet, autant de systèmes; chacun, suivant le point de vue où il s'est placé, est arrivé à un résultat différent quant à l'origine de notre action. On peut cependant ranger dans deux grandes catégories les diverses opinions qui ont été émises : suivant les uns, l'*hereditatis petitio possessoria* existait déjà au temps des jurisconsultes classiques; suivant les autres, sa naissance doit être placée à une époque postérieure. Pour moi, c'est dans un moyen terme que se trouve le vrai, comme pourra le faire entrevoir déjà l'examen des solutions proposées jusqu'à ce jour.

I. *Auteurs admettant que dès l'époque classique l'*HEREDITATIS PETITIO POSSESSORIA *était accordée, d'une manière absolue, au* BONORUM POSSESSOR[1].

59. Pour prouver que les jurisconsultes classiques connaissaient l'*hereditatis petitio possessoria*, ces auteurs s'appuient avec raison sur les Lois 1 et 2, *De her. pet. poss.*, 5, 5; mais ils n'ont peut-être pas su assez bien défendre leur opinion contre les attaques qu'on a dirigées contre elle.

60. La Loi 1 est ainsi conçue: *Ulpianus, lib.* XV, *ad Edictum*: « Ordinarium fuit, post civiles actiones heredibus propositas, rationem habere prætorem etiam eorum, quos ipse velut heredes facit, hoc est eorum, quibus bonorum possessio data est. »

Rien de plus naturel, ce semble, que de rapporter ce texte à l'*hereditatis petitio possessoria*; pourtant Fabricius et Leist s'y refusent. Suivant eux, ce sont les actions fictices qu'Ulpien avait seules en vue, et Justinien a détourné les paroles du jurisconsulte de leur signification originaire en les plaçant sous la rubrique du titre V.

[1] *Notamment.* — Lœhr, *Archiv für civil. Praxis*, 1829, t. XII, p. 110 et suiv. *Magazin für Rechtsw. und Gesetzgebung de Grolmann et Lœhr*, t. IV, 1825, p. 418 et suiv. — Arndts *Beiträge zu versch. Lehren des Civilrechts*, 1837, p. 50 et suiv. — Huschke, *Kritische Jahrbücher*, V. 1839, p. 25 et suiv. — Mühlenbruch, *Lehrbuch des Pandecten-Rechts*, 4e édit., 1844, § 712, note 3. — Savigny, *Vermischte Schriften*, 1850, II, p. 235 et suiv. — Hingst, *Commentatio de bonorum possessione*, 1858, p. 233-235. — Machelard, *Théorie des Interdits*, 1865, p. 52-53. — Vangerow, *Lehrbuch der Pandecten*, 7e édit., 1867, § 509, p. 361 et suiv. — Rosshirt, *Zeitschrift für Civil- und Criminalrecht*, III, 1838, p. 60 et suiv. *Das testam. Erbrecht*, Heidelberg 1840, p. 47 et suiv.

Je ne puis m'associer à cette manière de voir : Ulpien, dans les livres XIV, XV et XVI *initio* de son Commentaire sur l'Édit, doit s'occuper exclusivement des dispositions relatives aux actions universelles. Au livre XIV il est traité de la *querela inofficiosi testamenti;* l'*hereditatis petitio ex asse* et *pro parte* est étudiée dans le livre XV ; enfin le commencement du livre XVI est consacré à l'*hereditatis petitio fideicommissaria* ; après quoi le jurisconsulte prévient qu'il va traiter maintenant des actions spéciales : « Post actiones quæ de universitate propositæ sunt, dit-il (L. 1, *De rei vind.*, 6, 1. Ulp., lib. XVI *ad Edict.*), subjicitur actio singularum rerum petitionis. » Cette opposition entre les actions universelles, dont l'étude vient d'être faite, et l'action *singularum rerum petitionis*, que le moment est venu de faire connaître, prouve bien que ces deux espèces d'actions étaient mentionnées dans des parties distinctes de l'Édit, et qu'Ulpien, qui suivait l'ordre tracé par le préteur, ne pouvait, entre l'*hereditatis petitio pro parte* et l'*hereditatis petitio fideicommissaria*, s'être occupé d'actions spéciales telles que les *fictitiæ actiones.* Il n'y a donc que l'Interdit *Quorum bonorum* et l'*hereditatis petitio possessoria* dont il ait pu être question dans le passage du livre XV qui est devenu la Loi 1, *hoc tit.* Or Ulpien a placé l'étude de l'Interdit dans le livre LXVII de son Commentaire : c'est donc à l'*hereditatis petitio possessoria* que le texte s'était toujours référé.

Leist (t. II *b*, p. 27) objecte qu'il est parlé des actions spéciales de l'héritier en même temps que de la pétition d'hérédité, et il cite comme exemple la Loi 19, §§ 1 et 3, *De her. pet.*, 5, 3 ; d'où il veut conclure que ces actions étaient comprises aussi dans l'expression *post civiles actiones heredibus propositas* qui se trouve dans notre texte, et que rien ne s'oppose à ce qu'il fût traité ici des actions fictices. Cette objection n'a pas une portée bien grande. Sans doute, il est fait mention, à côté de l'*hereditatis petitio*, des actions directes qui compètent à l'héritier; mais cela n'a lieu qu'*incidemment*, accessoirement aux dispositions de l'Édit qui s'en occupait ailleurs; ici, au contraire, les choses nous sont présentées d'une tout autre manière. *Ordinarium fuit...*, dit Ulpien, c'est-à-dire que l'ordre de l'Édit appelle l'action dont le jurisconsulte va nous entretenir. La comparaison de la Loi 1, *De her. pet. fideicommissaria*, 5, 6, avec la Loi 3, § 2, *eod. tit.*, fera bien sentir cette différence: dans le premier de ces textes la pétition d'hérédité donnée au fidéicommissaire nous est montrée comme venant *ex ordine*, tandis que les actions spéciales ne sont relatées dans la Loi 3, § 2, que pour faire voir qu'il n'existe pas de lacune dans la législation. On ne peut donc rien induire de la circonstance invoquée par Leist: il reste certain qu'en s'attachant à l'ordre de l'Édit, Ulpien ne pouvait parler que d'une action universelle, et précisément la Loi 1, *hoc tit.*, n'a pas d'autre but que de nous apprendre qu'en cet endroit de l'Édit le préteur a donné une action au *bonorum possessor*.

Le même auteur que nous venons de combattre prétend (p. 27, 28) trouver encore dans un passage du *Liber regularum*, XXVIII, 12, la preuve que la Loi 1, *hoc tit.*, ne se rapportait originairement qu'aux actions fictices. Voici comment il raisonne: Ulpien, dans le passage précité, observe que c'est à l'aide des *ficticiæ actiones* que le *bonorum possessor* est mis aux lieu et place de l'héritier; or, dit Leist, si une *hereditatis peti-*

tio possessoria avait existé, cela n'eût point été exact. D'un autre côté, les expressions dont se sert le jurisconsulte, au *Liber regularum*, montrent que l'on avait l'habitude de regarder les actions fictices comme le principal moyen donné au *bonorum possessor* pour faire valoir ses droits à la succession; par suite, leur place naturelle se trouvait à côté de l'*hereditatis petitio*.

La réponse à cette argumentation est dans cette bien simple remarque que les jurisconsultes romains, imitant en cela le préteur, s'occupaient des *actions universelles* en une partie spéciale de leurs œuvres (cf. *Dig.*, lib. V, tit. 3, 4, 5, 6) et agissaient différemment à l'égard des actions particulières, lesquelles, découlant de la *confusio bonorum heredis et defuncti* (cf. L. 75, L. 95, § 2, *De solutionibus et lib.*, 46, 3), sont en quelque sorte inhérentes à la vocation héréditaire. Ceci, en effet, une fois admis, Ulpien, d'une part, devait au titre XXVIII, § 12, de son *Liber regularum*, garder le silence sur l'*her. petitio possessoria*, et d'un autre côté, ce n'est que là (ou au livre 39 du Commentaire de l'Édit) qu'il pouvait nous faire connaître les actions fictices, en même temps qu'il déterminait la vocation du *bonorum possessor*. Du reste, il ne dit pas, comme Leist voudrait le faire entendre, que c'est grâce aux *ficticiæ actiones* que les avantages de l'héritier sont assurés au successeur prétorien, mais simplement que c'est *beneficio prætoris*, et s'il les mentionne, son but est plus encore d'indiquer la nécessité d'une fiction que l'existence d'actions directes au profit du *bonorum possessor*.

61. La Loi 2, *De her. pet. possess.* 6, 6, à l'examen de laquelle nous passons, est rédigée comme suit:

Gaius, lib. VI ad Edictum provinciale. — « Per

« quam hereditatis petitionem tantumdem consequitur « bonorum possessor, quantum superioribus civilibus « actionibus heres consequi potest. »

Au dire de Leist (t. II *b*, p. 25, 26, 28, 29), ce texte n'est pas plus probant que le premier : ce n'est pas *per quam hereditatis petitionem* que Gaius aurait écrit, mais bien *per quas actiones*, expression qui se serait rapportée aux *ficticiæ actiones* et à l'Interdit *Quorum bonorum*, dont il était naturel que le jurisconsulte parlât après l'*her. petitio*. Si une *her. petitio possessoria* avait existé, s'expliquerait-on qu'il n'eût pas recherché ses rapports avec l'Interdit, et s'il l'avait fait, que les compilateurs du Digeste eussent laissé de côté des règles qui de leur temps n'avaient encore rien perdu de leur actualité? Hingst, qui ne partage pas l'opinion de Leist, lui suggère un autre moyen, plus simple, d'écarter la L. 2, *hoc tit.* (Hingst. p. 234). La Loi 2 étant tirée du Commentaire de Gaius sur l'Édit provincial, cet auteur en conclut qu'elle a trait à l'*her. petitio possessoria*, qui, de l'aveu de Leist, était en usage dans les provinces, et que dès lors elle ne prouve rien quant à l'existence d'une pareille action à Rome.

Ni l'une ni l'autre de ces explications ne me paraît satisfaisante. Si l'on admettait celle proposée par Hingst, les expressions *bonorum possessor*, *superioribus civilibus actionibus*, ne deviendraient-elles pas inexplicables? et le système de Leist se soutient-il quand on remarque que c'est l'Édit provincial que Gaius avait en vue, édit où, comme notre adversaire le reconnaît (p. 50), il ne pouvait être question ni de *ficticiæ actiones* ni d'Interdit *Quorum bonorum?* On est donc forcément amené à dire que la Loi 2 avait le même sens dans les écrits de

Gaius que dans le titre *De her. pet. possessoria*, car de la sorte tout devient clair. Gaius, voulant commenter l'Édit provincial, s'est attaché à faire connaître d'abord les règles du droit civil; voilà pourquoi nombre de lois des titres III et IV (lib. V au Digeste) ont pu être prises de son Commentaire, quoique la pétition d'hérédité ordinaire n'existât pas dans les provinces; voilà pourquoi aussi il est question dans la L. 2, *hoc tit.*, des *superiores civiles actiones;* puis il aura indiqué, comme on le peut induire de la même Loi 2, ce qui dans l'Édit du *prætor urbanus* pouvait offrir de l'intérêt pour les provinces. Or, s'il était important pour celles-ci de savoir quels principes gouvernaient à Rome l'exercice de l'*her. petitio* civile ou prétorienne, que leur importaient les actions fictices et l'Interdit *Quorum bonorum*, qui n'avaient aucun rapport avec la pétition d'hérédité provinciale ? On le voit donc encore, la Loi 2, *hoc tit.*, ne peut viser que l'*her. petitio possessoria*. Et combien le plan de Gaius devient ingénieux alors ! Il expose le système de l'*her. petitio* du droit civil ; puis, après avoir dit ce que c'est que l'*her. petitio possessoria*, il nous apprend que ses effets sont ceux de la pétition ordinaire, et il ne lui reste plus qu'à avertir que l'action donnée au successeur provincial est identique à l'*her. petitio* prétorienne. N'était-ce pas donner satisfaction à l'aspiration constante et légitime des jurisconsultes romains de tout ramener au droit civil ou à la législation en vigueur à Rome ?

62. Voilà donc un point qui me paraît démontré : il existait une *her. petitio possessoria* au temps de Gaius et d'Ulpien ; mais quelles étaient son étendue et sa portée, à quelle époque précise, et pour quels motifs

s'était-elle introduite? Ce sont là des questions auxquelles je ne crois pas qu'il ait été répondu d'une manière satisfaisante. Je vais parcourir la série des opinions qui ont été émises.

1° Lœhr, *Archiv für civ. Praxis*, XII, p. 110 et suiv. — *Magazin für Rechtswiss. de Grolmann et Lœhr*, IV, p. 418 et suiv.

63. L'*her. petitio possessoria* serait très-ancienne. Pourquoi le préteur, qui donnait les *ficticiæ actiones* au *bonorum possessor*, n'aurait-il pas appliqué la même fiction à la pétition d'hérédité? Il aurait hésité à accorder l'*her. petitio* à un successeur prétorien, à un *quasi-heres*, quand cette action était exercée par le possesseur de mauvaise foi se prévalant de l'ancienne *usucapio pro herede!*

Il y a plus d'une objection à faire à ce système. D'abord, Gaius n'aurait-il parlé que des actions fictices spéciales (Gaius, IV, § 34), si la fiction qu'il rapporte avait été commune à ces actions et à une *her. petitio ficticia* ayant appartenu de tout temps au *bonorum possessor*? Bien plus, l'emploi d'une pareille fiction, en cas de pétition d'hérédité, eût-il été possible? Se figure-t-on bien une formule qui aurait été ainsi conçue : « Judex esto. Si Aulus Agerius Lucio Titio heres esset, tum si ea hereditas, de qua agitur, ex jure Quiritium ejus esse oporteret.....? » Voit-on le préteur disant au juge : Examinez si le demandeur serait héritier, dans le cas où il serait héritier!! Quant à l'analogie que Lœhr veut trouver entre l'*usucapio pro herede* et la *bonorum possessio*, elle ne lui fournit qu'un bien faible argument. En premier lieu, l'*usucapio pro herede* avait perdu sa forme primitive lors de la naissance de la *bonorum possessio :* elle ne faisait plus acquérir la qualité d'héritier. Il ne faut pas perdre de vue, ensuite, que l'*usucapiens* invoquait le droit civil, tandis que le *bonorum possessor* ne tenait sa vocation que de l'édit, ce qui nécessitait l'emploi d'une fiction, et celle-ci, comme je l'ai montré, ne pouvait pas être la même que dans les *ficticiæ actiones.* Enfin et surtout, une *her. petitio possessoria* aurait été, dans l'origine, sans utilité aucune pour le *bonorum possessor,* auquel les actions fictices et l'Interdit *Quorum bonorum* étaient suffisants : un point sur lequel nous aurons à revenir.

2° De Vangerow, *Lehrbuch der Pandekten*, II, 1867, 7e édit., § 509, p. 361 et suiv. ; cf. II, § 398, p. 14. — Arndts *Beiträge*, I, p. 50 suiv. — Mühlenbruch, *Pandecten*, § 712. — G. Machelard, *Théorie générale des interdits*, 1865, p. 52, 53, 63 et suiv.

64. L'opinion de Vangerow se résume en peu de mots : Une fois que la *bonorum possessio*, après l'introduction des classes *corrigendi gratia*[1], constitua réellement une succession distincte de l'hérédité civile, une action analogue à l'*her. petitio* devint indispensable. D'une part, les *actions fictices* étaient aussi insuffisantes pour le *bonorum possessor* que pour l'héritier les *directæ actiones;* et d'un autre côté l'Interdit *Quorum bonorum* ne faisait obtenir que la possession des choses héréditaires, au lieu qu'il fallait maintenant un moyen pétitoire au successeur prétorien afin qu'il pût représenter complétement le défunt.

Les *ficticiæ actiones* n'auraient pas suffi au *bonorum possessor* pour faire valoir ses droits ! mais alors

[1] Vangerow place sous Auguste la naissance de la *bon. possessio corrigendi gratia* (*Lehrbuch*, II, § 398, p. 14).

la protection que le préteur accordait (provisoirement sans doute) au successeur créé par lui était donc incomplète à l'origine! on ne pouvait donc pas dire dès le principe « *bonorum possessor heredis loco constituitur!* » (cf. J. III, *De bonorum poss.* 9, § 2. — Ulpien, *Lib. regul.*, XXIX, 12 etc.) Je me réserve, au contraire, de montrer plus loin[1] que jusqu'au temps d'Adrien les actions fictices et l'Interdit *Quorum bonorum* procuraient les mêmes avantages au *bonorum possessor* que l'*her. petitio* à l'héritier, sauf que le titre du premier était souvent sujet à résolution. Quant à la nécessité d'une action pétitoire, elle ne me paraît nullement établie. Mis en possession des biens héréditaires au moyen de l'Interdit *Quorum bonorum*, le *bonorum possessor corrigendi gratia* ne pouvait-il pas repousser par l'*exceptio doli mali* toute attaque que l'héritier du droit civil dirigeait contre lui? (cf. Gaius, II, § 120).

65. Arndts et Mühlenbruch partent de la même idée que Vangerow : le *bonorum possessor*, successeur universel, avait besoin d'une *actio universalis;* mais ils cherchent de plus à appuyer leur opinion sur des arguments dont il convient d'examiner la valeur. Les expressions « *hereditatem petere* » que l'on rencontre dans les Lois 13 pr., *De bonorum possession. contra tab.*, 37, 4, et 3, § 13, *De Carboniano edicto*, 37, 10, révèlent, suivant eux, l'existence d'une *her. petitio possessoria* accordée dans tous les cas au *bonorum possessor;* de plus la circonstance que le premier texte est de Julien, fait penser à Arndts que c'est à l'époque

[1] Voir *infra*, n°s 75 et suiv.

de la rédaction de l'Édit perpétuel qu'il faut placer l'origine de cette action. Du reste, dit-il[1], le fisc fut investi à la même époque d'une pétition d'hérédité utile, l'héritier fidéicommissaire en avait une également; pourquoi le *bonorum possessor*, successeur analogue, se serait-il vu refuser la même action?

66. Si Julien, dans la Loi 13 pr., *De bon. poss. contra tab.*, se sert des mots *hereditatem petere*, rien ne prouve qu'il a eu l'*her. petitio possessoria* en vue. N'était-ce pas la manière la plus naturelle, la plus simple d'exprimer l'idée que l'on *réclame la succession*, surtout si la *bonorum possessio* est *cum re*? Pouvait-on indiquer, en termes plus propres, à la fois l'exercice de l'Interdit *Quorum bonorum* et des *ficticiæ actiones?* Aussi n'est-il pas étonnant que nous retrouvions la même expression dans d'autres textes, par exemple dans la Loi 5, § 1, *De his quæ ut indignis* 34, 9. La C. 1, *Quorum bonorum*, 8, 2, montre enfin le peu de fondement du moyen que l'on a puisé dans la Loi 13 *cit:* le *bonorum possessor* qui intente l'Interdit *Quorum bonorum* est dit *petere hereditatem !*

Pas plus que la Loi 13 *cit.*, la Loi 3, § 13, *De Carbon. edicto*, 37, 10, n'est probante. Rapporter les expressions « hereditatem petere quasi bonorum possessor Carbonianus » à l'*her. petitio possessoria* est tout à fait impossible. La suite du texte en fournit déjà la preuve : « petat directa actione, quasi *heres*, y est-il dit, ut ea petitione judicari possit, an quasi ex liberis *heres sit !* » Ainsi il n'est question que de l'*her. petitio* du droit civil ! pas un mot de la pétition d'hérédité pos-

[1] Arndts, *Beiträge*, I, p. 60.

sessoire! et cependant c'est d'elle seule qu'il aurait pu être parlé si les mots *hereditatem petere* s'y étaient référés, ou au moins il aurait dû en être fait mention à côté de la pétition d'hérédité civile, si, comme le croit M. Glasson[1], ces mots avaient trait à la fois aux deux actions! alors la fin du § 13 eût dû être rédigée ainsi: « petat directa actione quasi heres aut bonorum possessor ordinarius, ut ea petitione judicari possit, an quasi ex liberis heres vel bonorum possessor sit. » Il faut même aller plus loin et dire que c'est un véritable contre-sens d'appliquer à l'*her. petitio possessoria* les termes de la Loi 3, § 13 *cit.* Qu'est-ce donc qui devait empêcher le *bonorum possessor Carbonianus* d'intenter en cette qualité la pétition d'hérédité possessoire, si elle avait réellement appartenu au *bonorum possessor* ordinaire? Cette action n'aurait-elle pas eu forcément un caractère provisoire dans ses effets, comme la *bonorum possessio Carboniana* elle-même? N'aurait-elle pas été au nombre des *actiones possessoriæ* que la Loi 4, *eod. tit*, accorde au *bonorum possessor ex edicto Carboniano?* Un dernier argument me paraît décisif: si l'expression *petere hereditatem* s'adresse à l'*her. petitio possessoria*, *petere singulas res*, qui vient immédiatement après, désigne les actions réelles fictices: or il est hors de doute que l'exercice de ces actions appartenait au *bonorum possessor Carbonianus* qui avait fourni caution. « Hæc

[1] Glasson, *De la bona possessio établie par l'Édit Carbonien*, Paris 1866, p. 19. Dans cette interprétation, la L. 3, § 13, ne prouve plus rien pour l'existence de l'*her. pet. possessoria*, par ce motif déjà que l'on n'a nullement besoin d'admettre cette existence pour expliquer les mots: « Her. petere quasi bon. possessor Carbonianus, » et que, si on l'admet, c'est pour des raisons indépendantes de ce texte.

bonorum possessio, dit la Loi 15, *De Carb. ed.*, si satisdatum sit, non tantum ad bonorum possessionem adipiscendam, sed *ad res etiam persequendas*... prodest.»

L'explication de la Loi 3, § 13 *cit.*, est fort simple, sans qu'il soit besoin de songer seulement à une pétition d'hérédité possessoire. Le jurisconsulte se demande si un impubère qui, se prétendant héritier du droit civil[1], a obtenu la *bonorum possessio Carboniana*, pourra supposer résolue en sa faveur la question d'état pour triompher par l'*her. petitio* civile (par exemple contre des *bonorum possessores* ordinaires, s'il n'a pas eu soin de faire l'*agnitio* de la *bonorum possessio ordinaria*) ou par les actions réelles directes. La solution ne pouvait être douteuse. La *missio Carboniana* constitue une présomption en faveur de l'impubère, sur le fondement de laquelle il peut bien être mis en possession intérimaire des biens de la succession, mais qui ne pourrait, sans injustice, lui assurer un droit définitif à l'encontre des tiers. Aussi Ulpien approuve-t-il le sentiment de Julien, suivant qui le *bonorum possessor* ne peut invoquer la *præsumptio Carboniana* qu'en intentant les actions fictices ou l'Interdit *Quorum bonorum*, et devrait être repoussé par l'*exceptio doli mali*, s'il voulait s'en prévaloir lors de l'exercice de la pétition d'hérédité ordinaire ou des *actiones directæ;* dans ce dernier cas, la question d'état devrait être jugée d'une manière définitive, pour que le *bonorum possessor Carbonianus* pût l'emporter.

[1] La circonstance que l'on ne prévoit pas le cas où l'impubère tire sa vocation de l'édit montre, à mon sens, que l'*her. petitio possessoria* n'existait pas à l'époque classique, en dehors des cas spéciaux que nous aurons à indiquer en temps et lieu.

Il ne reste plus que l'argument d'analogie qu'Arndts a cru trouver dans l'existence d'une *her. petitio* au profit du fisc et du fidécommissaire : je n'aurai pas beaucoup de peine à y répondre. D'abord, Arndts reconnaît lui-même que le fisc tirait sa vocation et ses actions du droit civil[1] : il était donc tout juste de lui accorder la pétition d'hérédité! Mais, vient-il nous dire, l'adjudicataire de la succession n'avait-il pas à l'origine l'Interdit *Sectorium*, comme le *bonorum possessor* l'Interdit *Quorum bonorum*, et pourtant on lui donna plus tard, probablement par l'Édit perpétuel, une *her. petitio utilis !* (Loi 54, *De her. pet.*, 5, 3.) Cette manière de présenter les choses ne me paraît pas exacte : Sans doute, le *bonorum sector* avait, dans la plupart des cas, les actions fictices et l'Interdit *Sectorium*, mais il n'en était pas ainsi quand il était adjudicataire de *bona vacantia.* La loi *Julia* et *Papia Poppæa* ayant donné au fisc un droit de succession universel aux *bona vacantia*[2], l'acquéreur de ces biens devait être traité aussi comme un *successor universalis*, et obtenir ainsi *utiliter* l'*her. petitio* qui appartenait au fisc, tandis que le *bonorum sector* ordinaire n'eut jamais que l'Interdit et les actions fictices[3]. La création de l'*her. petitio utilis* s'explique donc fort bien si on la rapporte à l'époque de la loi *Julia;* au contraire, si on l'attribue à Julien, il est difficile de voir ce qui l'a amenée.

67. De toutes manières, on ne pourrait conclure de

[1] Arndts *Beiträge*, p. 60, note 105.

[2] Voy. Vangerow, *Lehrbuch der Pandekten*, 7e édition, II, § 564, p. 572 et suiv. et les auteurs qu'il cite.

[3] Voy. Schröter, *Giesser Zeitschrift für Civilr. und Proc.*, X ; n° 3, p. 134 ; Arndts, *loc. cit.*, p. 59, note 101.

l'existence de l'*her. petitio utilis* du *bonorum sector* à celle d'une action analogue accordée au *bonorum possessor*. Le *bonorum sector* est mis aux lieu et place du fisc, il le représente: dès lors, les actions qui pouvaient être intentées par ce dernier, il doit pouvoir les intenter. Le *bonorum possessor* prend-il de même la place de l'héritier? Si cela était, il devrait avoir sans difficulté l'*utilis her. petitio*. Mais nous savons qu'il n'en est rien, que le *bonorum possessor* est successeur immédiat du défunt, que sa vocation est indépendante et distincte de celle de l'héritier. Les actions qui lui compètent sont avant tout celles qui étaient données déjà au défunt lui-même (*ficticiæ actiones*), et comme l'*her. petitio* n'avait pu appartenir à celui-ci, le préteur a du créer pour lui un moyen spécial, l'Interdit *Quorum bonorum*, qui pût le mettre dans la possession que le défunt avait eue.

68. La même considération doit faire rejeter toute analogie que l'on voudrait chercher entre le *bonorum possessor* et l'héritier fidéicommissaire. Comme le *bonorum sector*, celui-ci tient ses actions de l'*heres*[1], et le préteur était même forcé en quelque sorte de lui accorder une *her. petitio utilis*, le sénatus-consulte Trébellien ayant décidé que toutes les actions de l'héritier devaient passer au fidéicommissaire[2]. Aussi disait-on à Rome que c'était au sénatus-consulte et non au préteur qu'il devait ses actions. (L. 1, *De fideicom. her. pet.*, 5, 6.)

[1] Cf. l. 54 *De her. pet.*, 5, 3.

[2] ..... Sen. consultum factum est quo cautum est, ut si cui hereditas, ex fideicommissi causa restituta sit, actiones quæ jure civili heredi et in heredem competerent ei et in eum darentur cui ex fideicommisso restituta esset hereditas (Gaius, II, § 253).

3° Savigny (*Vermischte Schriften*, Berlin, 1850, II, p. 234-236).

69. Le *bonorum possessor*, dit Savigny, était, dans le principe déjà, propriétaire bonitaire des biens dont le défunt avait le *dominium ex jure Quiritium;* mais à fur et à mesure que l'*in bonis* revêtit une importance et reçut un développement plus grands, la *bonorum possessio* se rapprocha de l'*hereditas*, si bien que rien ne fut plus naturel que de donner au successeur prétorien les mêmes actions qui compétaient à l'héritier du droit civil : de là l'*hereditatis petitio possessoria.* Cette transformation de la *bonorum possessio* et cette création d'une pétition d'hérédité nouvelle doivent avoir eu lieu aux temps de Marc-Aurèle, la *bonorum possessio secundum tabulas*, qui ne conférait jusque-là qu'un droit d'une efficacité *tout à fait secondaire* et sans affinité avec celui de l'*heres*, ayant commencé à être assimilée alors à la *bonorum possessio intestati.*

70. J'ai peine à comprendre comment les progrès de l'*in bonis* ont pu combler la distance qui séparait le *bonorum possessor* de l'héritier. Qu'importe que le propriétaire bonitaire était protégé maintenant plus que par le passé? Cela diminuait-il les cas où la *bonorum possessio* pouvait devenir *sine re?* cela permettait-il au successeur prétorien d'intenter sans l'aide d'une fiction les actions du défunt? le pouvoir du préteur se trouvait-il augmenté, la nature de la *bonorum possessio* changée? — En admettant même sur ce premier point le système de Savigny, s'expliquerait-on la naissance de l'*her. petitio possessoria?* Cet auteur déclare que l'utilité d'une pareille action n'existait pas, que celle-ci faisait double emploi avec l'Interdit *Quorum bonorum*,

et que si cet Interdit n'avait pas été créé antérieurement par le préteur, il ne l'aurait plus été depuis. Mais alors pourquoi l'*her. petitio possessoria* a-t-elle été introduite? Pourquoi ce luxe inutile d'actions? Si l'*her. petitio possessoria* pouvait tenir lieu de l'Interdit, celui-ci pouvait à son tour tenir lieu de l'*her. petitio possessoria!* — Quant à prétendre que jusqu'à l'époque de Marc-Aurèle le *bonorum possessor sec. tabulas* n'était pas un *fictus heres* comme le *bonorum possessor intestati,* et en conclure qu'au moment où il le devint, une pétition d'hérédité possessoire s'introduisit, ce sont des propositions qu'on ne peut hésiter un instant à rejeter. Le développement historique de la *bonorum possessio* et la nature des droits qu'elle confère, l'ensemble de l'institution enfin démontrent ce que nous avons établi ailleurs, que tout *bonorum possessor* avait, dès l'origine, un droit analogue à celui de l'héritier, avec la seule différence qu'il n'était pas définitif. Mais alors, dès l'origine aussi, il aurait dû y avoir une *hereditatis petitio possessoria!*

II. *Auteurs suivant lesquels l'*HEREDIDATIS PETITIO POSSESSORIA *n'aurait pas existé à l'époque classique.*

1° Leist (*Die bonorum possessio*, t. II *b*, p. 21 et suiv.).

71. Il paraît impossible à Leist que la *possessoria hereditatis petitio* ait pu s'introduire du temps des jurisconsultes classiques : sans doute, elle se trouvait en germe dans la *querela inofficiosi testamenti* donnée au *bonorum possessor*, et dans la pétition d'hérédité utile que l'on accordait probablement à celui qui tirait

sa vocation de l'*Édit provincial*, mais d'action destinée à remplacer l'Interdit *Quorum bonorum* et les *ficticiæ actiones* il n'y en eut pas tant que la *bonorum possessio* conserva son ancien caractère. C'est seulement après la transformation de la succession prétorienne, quand elle fut mise sur la même ligne que l'*hereditas*, qu'on put songer à donner au *bonorum possessor* une action analogue à la pétition d'hérédité du droit civil. Ayant les mêmes droits que l'héritier, le *bonorum possessor* devait avoir alors les mêmes actions.

72. Nous avons vu déjà [1] que Leist a fait de vains efforts pour écarter les Lois 1 et 2. *De her. pet. possessoria*, 5, 5 : sa doctrine est donc par avance condamnée. Il nous faut néanmoins répondre à l'objection que cet auteur a voulu, à son tour, élever contre notre manière de voir et qui paraît avoir pesé d'un grand poids sur sa décision. La protection que le préteur avait accordée au *bonorum possessor* était complète, suivant Leist : l'Interdit *Quorum bonorum* et les *ficticiæ actiones* lui permettaient de faire valoir ses droits d'une façon aussi efficace que l'*heres* pouvait exercer les siens par la pétition d'hérédité. Et alors, comment admettre qu'on ait créé pour lui une autre action encore, quand celles qu'il avait lui suffisaient amplement ? — Je suis loin de contester que durant la république et sous les premiers empereurs le *bonorum possessor* n'avait aucun intérêt à pouvoir intenter une *her. petitio* utile, mais j'espère démontrer, au contraire, que cet intérêt exista à partir d'Adrien, sinon dans tous les cas, du moins à certains égards [2]. Pour le moment, qu'il suf-

[1] *Supra*, nos 60 et 61.

[2] Voy. *infra*, nos 79 et suiv.

fise de remarquer l'inconséquence à laquelle Leist arrive. Si, comme il le prétend, les actions fictices et l'Interdit tenaient complétement lieu d'une pétition d'hérédité, pourquoi, quand le droit du *bonorum possessor* devint un véritable droit héréditaire, ne se borna-t-on pas à rendre *pétitoire* l'Interdit, et *directes* les actions fictices? Leist ne reconnaît-il pas lui-même qu'il était plus rationnel d'attribuer aux successeurs deux espèces d'actions, des actions spéciales contre les débiteurs héréditaires, une action universelle contre les tiers détenteurs, et que si l'héritier pouvait poursuivre l'une et l'autre de ces catégories de personnes par une action universelle, cela ne peut s'expliquer que par des motifs historiques? Rien donc n'aurait été plus naturel que de maintenir la dualité existant dans les moyens de droit donnés au *bonorum possessor*, s'il n'y avait eu pour lui avantage à obtenir une pétition d'hérédité utile.

2° FABRICIUS (*Rheinisches Museum*, IV, p. 178, et suiv., p. 209, et suiv. *Ursprung und Entwickl. der Bonorum possessio*, p. 200).

73. L'opinion la plus absolue, la plus hardie, est certainement celle de Fabricius : il appelle l'*her. pet. possessoria* ni plus ni moins qu'un *avorton* de la législation justinianéenne. Les termes dont il se sert sont curieux à plus d'un titre; je n'en veux d'autre preuve que ce passage : «Cette action *mort-née*, ainsi que le nom *inouï* dont on l'a affublée, n'est autre chose qu'une invention de Justinien et de ses *aides*, lesquels, après avoir *escroqué* les actions fictices pour les faire disparaître, ont introduit *clandestinement* dans le droit ro-

main cette sorte de *petit monstre*[1]. » Ainsi la Loi 1, *De her. pet. poss.*, 5, 5, interpolée! la Loi, 2 *eod*, interpolée! la suscription même du titre, invention de Justinien! et tout cela parce qu'on ne voit pas l'avantage qu'une pétition d'hérédité pouvait procurer au *bonorum possessor*, qu'on prétend même que l'Interdit *Quorum bonorum* à lui tout seul (!) était suffisant, et enfin qu'on n'a pas seulement compris qu'à une époque donnée la *bonorum possessio* avait subi une transformation profonde, qu'elle était devenue une véritable hérédité!

III. *Système que nous proposons.*

74. Je vais successivement dire pourquoi on ne put pendant longtemps songer à une *possessoria hereditatis petitio*, montrer qu'à l'époque classique, depuis Adrien, cette action, tout en étant restreinte encore dans une sphère assez étroite, fut, en certains cas et à l'encontre de certaines personnes, donnée au *bonorum possessor*, faire voir enfin qu'au temps de Dioclétien elle prit un caractère tout à fait général, et devint le principal moyen qu'eût le *bonorum possessor* de faire valoir ses droits.

75. Quand une donation universelle avait été faite (*donatio omnium bonorum*), Justinien décidait que le gratifié ne pouvait être investi que par une tradition de la propriété des biens donnés (C. 35, § 4, *De dona-*

[1] Voici le texte même, qui perd beaucoup à être traduit : « Diese *todtgeborene* Klage mitsammt ihrem *monstruösen* Namen ist nichts als eine Erfindung Justinians und seiner *Gehülfen*, welche diesen *Wechselbalg* (*litt.* l'enfant procréé par un incube), statt der in der Compilation *unterschlagenen fictitiæ actiones* des bon. possessor, in das römische Recht *eingeschwärzt* (*litt.* introduire par contrebande) haben. »

tionibus, 8, 54; cf. Loi 17, § 1, *Quæ in fraud. cred.*, 42, 8; Loi 28, *De donationibus*, 39, 5) : en d'autres termes, le donataire était traité comme *successor in singulas res*, et par suite ne pouvait avoir contre les tiers une *actio in rem universalis*[1]. Une pareille situation ne saurait se comprendre pour l'héritier. Ici la loi elle-même crée le titre, elle-même elle fait la tradition, que tout à l'heure le donateur était obligé de faire; grâce à elle enfin le défunt et l'héritier ne forment en quelque sorte qu'une seule personne (cf. Loi 37, *De acquir. vel omitt. hered.*, 29, 2; Loi 11, *De diversis temporalibus præscr.*, 44, 3; Loi 24, Loi 208, *De verbor. signif.*, 50, 16; Loi 59, Loi 177, *De regulis juris*, 50, 17). Il est donc indispensable que l'héritier ait une action universelle; par ce moyen seulement il parviendra à se mettre en possession du patrimoine qu'il doit recueillir. Que lui serviraient en effet des actions en revendication contre ceux qui contestent sa propre vocation et non le droit du défunt? et comment pourrait-il avoir seulement de pareilles actions quand son auteur n'était que simple possesseur? Enfin une même personne peut détenir *pro possessore* des biens nombreux de la succession, et il est nécessaire, ou en tout cas fort utile pour l'héritier, qu'une seule action renferme toutes les prétentions qui de ces divers chefs peuvent être élevées contre elle. Mais si l'héritier a besoin d'une *actio in rem universalis* contre les possesseurs *pro herede* ou *pro possessore* de choses héréditaires ou ceux qui en ont perdu la possession par

[1] Voy. mon travail sur la *subrogation réelle*. *Revue historique de droit français et étranger* (livraison de septembre-octobre 1868), p. 469-470, t. XIV.

dol, quel motif pourrait-il y avoir, en théorie, de lui accorder une action analogue, une action universelle, soit contre des débiteurs du défunt ou de l'hérédité, soit contre des tiers qui se prévalent d'un droit réel? *Pro herede, pro possessore*, ce sont des titres nés postérieurement à l'ouverture de la succession, qui ne pouvaient être opposés au défunt; celui-ci tenait dans ses mains l'ensemble du patrimoine qui s'est trouvé à sa mort, sans que rien fît obstacle à l'exercice de son droit; or l'héritier doit être mis dans la même situation où le D. C. se trouvait; il doit être placé à la tête de la même universalité que l'était ce dernier, et voilà pourquoi il faut l'armer d'une action universelle contre tout possesseur *pro possessore* ou *pro herede.* Mais appliquez le même raisonnement au cas où l'héritier veut poursuivre des débiteurs ou des *juris possessores*, et la conclusion sera bien différente. Le successible doit être vis-à-vis des tiers dans la même position où s'était vu son auteur: telle est la majeure. Eh bien! quelle avait été la position du défunt? Pouvait-il par une action universelle faire valoir ses droits de créance ou de propriété, ses droits personnels ou réels? La règle, au contraire, n'était-elle pas celle-ci : autant de droits, autant d'actions spéciales? Pour être logique, il faut donc dire que l'héritier intentera contre les tiers ou contre les débiteurs du défunt les mêmes actions spéciales que celui-ci aurait pu intenter de son vivant, contre les débiteurs de la succession celles qui compétaient à l'*hereditas jacens*[1]. Voit-on, d'ailleurs,

[1] L'*hereditas jacens* ne continue-t-elle pas la personnalité juridique du défunt? Inst. III, *De stipul. serv.*, 17, pr.; Inst. II, *De hered. inst.*, 14, § 2; L. 31, § 1, *De her. inst.*, 28, 5; L. 34, *De*

l'utilité que présenterait ici une action universelle? Arrivera-t-il souvent que plusieurs actions, soit réelles, soit personnelles, doivent être dirigées contre une même personne? Et cela serait, que l'intérêt d'une *actio universalis* me paraîtrait encore bien contestable? Contre un possesseur *pro herede*, ou *pro possessore*, rien de mieux qu'une pareille action; car, s'il y a plusieurs chefs de demande, la preuve leur est commune: l'héritier triomphe en établissant son titre et la possession de son auteur. Mais quand c'est un débiteur ou un *juris possessor* qui est recherché, la pluralité des prétentions n'appelle-t-elle pas la pluralité des preuves? Chaque demande, en général, a un fondement différent, chacune donc a besoin d'être spécialement justifiée : les englober toutes dans une même action pourrait avoir pour seul résultat certain d'obscurcir ce qui était clair, de mêler ce qui doit rester distinct.

Le système de protection le plus rationnel pour l'héritier est, d'après ce qui vient d'être dit, de lui accorder : 1° les *actions spéciales*, personnelles ou réelles, qui appartenaient au défunt ou à l'*hereditas jacens*; 2° une *action universelle* pour obtenir des possesseurs *pro herede* et *pro possessore* ou du *fictus possessor* la possession que le D. C. avait eue lui-même. Pour exercer les premières, l'héritier serait tenu de prouver: 1° son titre d'héritier; 2° le droit personnel ou réel qu'il invoque; pour triompher par l'action universelle: 1° son titre d'héritier; 2° la possession du défunt.

acquir. rer. dom., 41, 1; L. 33, § 2, *eod.*; L. 15, pr. *De interrog. in jure*, 11, 1; L. 15 pr., L. 22, *De usurpat.*, 41, 3; L. 22, *De fidejuss. et mandat.*, 46, 1.

Est-ce là le système d'actions que le droit romain avait admis pour l'héritier civil? Il suffit de jeter un coup d'œil sur le titre *De hered. petitione* au Digeste, pour répondre négativement. La pétition d'hérédité empiétait sur le domaine des actions spéciales, elle était donnée contre les débiteurs héréditaires[1] et non pas seulement contre les possesseurs *pro herede* ou *pro possessore*[2]. Mais nous allons montrer que l'influence de l'*usucapio pro herede* fut l'unique cause de cette dérogation aux vrais principes.

76. Le but principal de l'*hereditatis petitio* est la reconnaissance du titre de l'héritier[3]; ce n'est qu'accessoirement, par voie de conséquence, qu'elle procure la possession des biens du défunt, ou le paiement des créances comprises dans la succession. *Hereditatem meam esse aio*, disait en résumé l'héritier, soit qu'il employât la formule pétitoire, soit qu'il se servît de la *sponsio*, et cela quand personne ne songeait à le contredire sur ce point[4]. Que ne cherchait-il plutôt à établir la possession ou le droit personnel de son auteur? N'était-ce pas là le véritable point du procès, n'était-ce pas le seul sur lequel une contestation sérieuse pouvait s'élever entre lui et le possesseur *pro possessore* ou le débiteur auquel il réclamait paiement? Comment donc s'expliquer que le principal, l'unique objet de la de-

[1] L. 13, § 15; L. 16, § 1, § 3; *De hered. pet.*, 5, 3.

[2] La règle *dolus pro possessione est* ne s'introduisit que par le sénatus-consulte *Juventianum*: auparavant le *fictus possessor* ne pouvait être poursuivi par l'*her. petitio*, en cette qualité.

[3] Voy. Arndts *Beiträge zu verschiedenen Lehren des Civilrechts*, 1re livraison (seule parue), Bonn 1837, p. 18 et suiv.

[4] L. 10, § 1, *De hered. pet.*, 5, 3: Itaque qui ex asse vel ex parte heres est, intendit quidem *hereditatem suam esse*...

mande, dans la plupart des cas au moins, fût laissé dans une ombre complète, au lieu qu'on mettait en pleine lumière une question qui, cela semble, n'était que secondaire? En un mot, pourquoi était-on arrivé à traiter tout possesseur *pro possessore* et tout débiteur héréditaire comme s'il niait la vocation de l'héritier, comme s'il était possesseur *pro herede?* Je crois que la seule réponse qui puisse être donnée est que précisément ces personnes furent pendant longtemps de véritables possesseurs *pro herede*, ce qui revient à dire que la nature intime de l'*hereditatis petitio*, que son étendue, son origine même doivent être rapportées à l'*usucapio pro herede*. Et, en effet, nous n'aurons pas de peine à faire voir que l'*hereditatis petitio* ne pouvait exister tant que cette prescription n'eut pas elle-même pris naissance; et que, celle-ci créée, elle en découla naturellement avec la forme que nous lui connaissons.

La *possessio pro herede* se rencontre surtout quand l'héritier premier appelé laisse écouler un certain temps sans accepter la succession; d'autres alors qui ne doivent venir qu'après lui se gèrent comme héritiers à sa place. Or, sous l'empire de la loi des XII Tables, cela était de tous points impossible. Aucune espèce de *successio*, soit *graduum*, soit *ordinum*, n'était admise; l'hérédité une fois déférée ne pouvait plus l'être, même si la délation devenait sans effet par la mort ou la renonciation de l'héritier le plus proche[1]. Qui aurait donc pu élever des

[1] Gaius, III, § 12: Nec in eo jure successio est. Ideoque si agnatus proximus *hereditatem omiserit*, vel antequam adierit, *decesserit*, sequentibus nihil juris ex lege competit. Gaius, III, § 9: Si *nullus* sit suorum heredum, tunc hereditas pertinet ex eadem lege XII Tabularum ad agnatos; § 17 : Si *nullus* agnatus sit, eadem lex XII Tabul. gentiles ad hereditatem vocat. Cf. Leist, *Die bon. possessio*, I, §§ 22, 23, 33.

prétentions à l'hérédité, quand, au moment du décès, un autre que lui se trouvait au premier rang? Au reste, il faut remarquer encore que, dans ces temps anciens, bien peu de personnes devaient mourir sans laisser des héritiers siens et nécessaires, et alors de deux choses l'une: ou bien ces héritiers usaient du *beneficium abstinendi* et alors, de fait au moins, sinon en droit[1], la succession devant rester sans maître, il ne pouvait surgir de débats pour son attribution à un autre successible, ou bien ils faisaient *immixtion*, et l'hérédité leur était alors définitivement acquise; mais dans l'un et l'autre cas le soin jaloux, superstitieux même, avec lequel les vieux Romains veillaient à ce qu'après leur mort il se trouvât des représentants de leur personne, puis la qualité de proches parents des héritiers siens et nécessaires devaient rendre impossible toute difficulté sur la vocation de ces derniers.

A l'époque primitive où nous nous sommes placé, ceux qui s'étaient mis en possession de biens héréditaires ne pouvaient donc être presque jamais que des possesseurs *pro possessore*. Mais, va-t-on nous objecter sans doute, possesseurs *pro herede*, possesseurs *pro possessore*, qu'importe? puisque nous avons reconnu précédemment qu'une action universelle est toujours nécessaire à l'héritier pour enlever la possession à ceux qui, même sans titre, s'en sont emparés après le décès de son auteur. Une pareille action, par suite, a dû appartenir de tout temps au successeur *ex jure civili*, et tout ce que l'on peut concéder, c'est qu'elle a reçu plus tard une

[1] L. 1, § 7, *Si quis omissa causa test.*, 29, 4; L. 30, §§ 10 et 12; *De fideicom. libert.*, 40, 5; L. 28, *De rebus auctor. jud. pos.*, 42, 5.

extension et une portée inconnues à l'origine: ainsi il reste acquis, conclurait-on, que l'*hereditatis petitio* a existé avant l'*usucapio pro herede*. Raisonner de la sorte, ce serait commettre un véritable anachronisme, ce serait oublier les principes les plus élémentaires de la législation en vigueur dans ces temps reculés! Quand Rome était régie par les XII Tables, il semble, en effet, qu'on ne concevait pas d'autre droit sur une chose que celui résultant du *nexum*, le droit absolu de propriété, le *mancipium*. Voulait-on constituer une dot ou un *pignus*, faire un dépôt, ou un commodat, on commençait par manciper la chose, par la mettre dans le domaine de celui qui devait profiter du contrat, et on exigeait seulement qu'il prît l'engagement (*fiducia*) de retransférer la propriété par une *remancipatio*, quand il aurait fait de la chose l'usage convenu [1]. Cela étant, tous les biens que laissait une personne à son décès devaient être dans son *mancipium*, et c'est effectivement ce que suppose Gaius quand il dit : « Olim familiæ emptor, id est, qui a testatore familiam accipiebat *mancipio*, heredis locum obtinebat » (Gaius, II, § 103). Mais alors qu'était-il besoin pour l'héritier d'une action universelle? Ne pouvait-il pas, comme le défunt l'aurait pu lui-même, revendiquer par des actions *in rem* spéciales les divers biens qu'on avait cherché à distraire de la succession? Et ainsi l'inutilité de l'*hereditatis petitio* se trouve de nouveau démontrée.

Telle était la situation de l'héritier avant l'introduction de l'*usucapio pro herede*: put-elle rester la même après? Évidemment non. Quand un tiers s'est, au mo-

[1] Cf. Maynz, *Éléments de droit romain*, II, § 315, p. 253.

ment de l'ouverture de la succession, saisi d'un bien héréditaire, l'héritier n'a plus à craindre seulement de perdre ce bien par prescription, c'est un danger autrement grave qui le menace, celui de se voir supplanter dans sa qualité même d'héritier! Qu'un an s'écoule, que durant ce temps le tiers continue à posséder, et l'usucapion de l'hérédité se sera accomplie à son profit! et l'héritier se verra dépouillé de son droit! S'il a été négligent, s'il a mis des lenteurs à se prononcer, cela s'explique encore, il subit la peine de sa paresse ou de son indécision; mais ne pouvait-il pas arriver que le plus diligent ne pût conjurer toujours les effets de *l'usucapio pro herede*, s'il n'avait à son service que les actions spéciales? Le successeur connaissait-il chaque fois la composition exacte de l'hérédité? Quand il revendiquait des biens entre les mains d'un tiers possesseur, savait-il si celui-ci n'en détenait point d'autres? Et pourtant il suffisait qu'un seul objet héréditaire fût soustrait pendant un an à son action, pour que l'*usucapio pro herede* se réalisât, pour que l'*usucapiens* devînt héritier, au lieu que, sous l'empire des XII Tables, l'objet possédé seul aurait pu être prescrit; et encore eût-il fallu juste titre et bonne foi [1]. Ce n'était donc plus tant pour posséder lui-même que pour empêcher un autre de posséder que l'héritier devait actionner les tiers; ce qu'il voulait, c'était moins la valeur de la chose dont ces derniers s'étaient emparés, que la reconnaissance de son titre de successeur; ce qui lui importait avant tout, le principal but qu'il cherchait à atteindre,

[1] L'héritier, en un mot, était dans la même situation qu'un propriétaire quelconque : il n'y avait donc pas de motif alors de lui donner une action à part.

c'était d'affirmer sa vocation à l'encontre de ceux qui auraient pu sans cela la confisquer à leur profit! Ceci admis, on voit tout de suite le genre d'action qu'il convenait d'accorder maintenant à l'héritier: ce devait être une action universelle, pour que le tiers recherché fût tenu à la restitution de tous les biens possédés par lui, elle devait tendre à la revendication de l'hérédité elle-même· *hereditatem meam esse aio*, devait dire le successeur, puisque, par le fait même de sa possession, le défendeur élevait des prétentions au titre d'héritier, et que, s'il retenait un unique objet de la succession, ce titre, au bout d'un an, lui était acquis. Mais ces conditions ne sont-elles pas remplies par l'*hereditatis petitio*, action universelle où l'héritier établit ses droits à la succession, et où la restitution des choses héréditaires détenues par des tiers n'est obtenue qu'indirectement? Ce qui nous semblait précédemment inexplicable dans cette action devient ainsi très-naturel, dès qu'on rattache son origine à l'*usucapio pro herede*.

77. L'*hereditatis petitio*, comme on sait, est donnée contre les débiteurs, soit du défunt, soit de l'*hereditas jacens*, tandis qu'elle ne peut servir à faire valoir les droits réels compris dans la succession. Assurément, ce n'est pas une des moindres bizarreries qu'elle présente! Avoir exclu les actions réelles de l'*hereditatis petitio*, y avoir compris les actions personnelles! Mais pourquoi donc? Logiquement, est-il possible d'en donner un bon motif? Que l'héritier veuille poursuivre un tiers en vertu d'un droit réel ou d'un droit personnel, la preuve à fournir n'est-elle pas la même? Ne doit-il pas, dans l'un et l'autre cas, justifier de son titre d'héritier, puis établir que le droit qu'il invoque appartenait

au défunt ou à l'*hereditas jacens?* Comment comprendre alors qu'on ait appliqué le nom d'*hereditatis petitio* aux actions dirigées contre les débiteurs héréditaires et point aux actions réelles compétant au successeur? qu'on ait donné pour unique fondement aux premières le titre d'héritier, et qu'on ait basé les secondes sur la preuve du droit réel dont l'héritier se prévaut? Si nous reconnaissons que les débiteurs héréditaires, ou plus généralement ceux contre lesquels le D. C. ou l'hérédité auraient eu des actions personnelles, pouvaient usucaper *pro herede*, au lieu que le non-exercice des actions réelles ne donnait jamais naissance à cette usucapion, n'aurons-nous pas le mot de l'énigme et une nouvelle démonstration que si l'*hereditatis petitio* a eu la forme et l'étendue que les jurisconsultes nous enseignent, c'est à l'*usucapio pro herede* qu'il faut s'en prendre?

D'après le principe fondamental de l'*usucapio pro herede*, tous ceux qui agissaient en héritiers acquéraient cette qualité par l'expiration du délai d'un an[1]. La circonstance à laquelle on s'attachait, c'était donc que l'on se fût substitué au défunt, en tout ou en partie, qu'on eût usé de ses biens comme de choses vous appartenant en propre. Cela se rencontrait surtout quand un tiers se mettait en possession des *corpora hereditaria;* mais n'était-ce pas aussi se conduire en héritier, se poser en maître, que de vendre ou de détruire un objet dépendant de la succession? D'un autre côté, celui qui avait contracté une obligation personnelle envers le défunt ne se gérait-il pas comme s'il avait un droit à l'hérédité, quand de sa propre autorité il se li-

[1] Quand, du reste, les autres conditions de l'*usucapio pro herede* se trouvaient remplies.

bérait de son obligation en ne remplissant pas l'engagement qu'il avait pris, en se soustrayant à l'action de l'héritier? Tout porte ainsi à croire que, soit les débiteurs de l'*hereditas jacens,* soit les tiers qui avaient contracté avec le défunt, étaient en situation d'usucaper *pro herede,* dès la première période de cette institution si remarquable, et il me semble même qu'il serait beaucoup plus difficile de justifier que l'*usucapio pro herede* ne leur eût été permise qu'une fois entrée dans sa seconde phase. Mais s'il était même certain (ce qui n'est pas seulement vraisemblable, nous venons de le voir) que les débiteurs héréditaires ne purent jamais prescrire le titre d'héritier, on s'expliquerait encore que l'*hereditatis petitio* eût été donnée plus tard contre eux, dès qu'il serait établi qu'ils purent prescrire leur dette *pro herede:* n'aurait-il pas été illogique de ne pas donner la même action contre tous les *usucapientes pro herede?* Sans doute, l'*hereditatis petitio* n'offrait plus guère d'avantages sur les actions personnelles spéciales, mais sa forme n'était-elle pas aussi devenue surannée vis-à-vis du possesseur d'un corps héréditaire, et pourtant, par esprit de tradition, ne l'a-t-on pas maintenue? Or nous allons montrer rapidement que toute personne qui était obligée personnellement envers le D. C. ou la succession put, en tout cas, se libérer par l'*usucapio pro herede,* quand celle-ci eut revêtu son caractère nouveau.

La preuve nous est fournie par l'Édit des pontifes, dont il est question dans un passage célèbre de Cicéron (Cicéron, *De legibus*, lib. II, chap. 19, 20, 21). — La charge des *sacra* était attachée à la qualité d'héritier et non à la simple possession des biens héréditaires;

Gaius nous l'apprend en disant que l'ancienne *usucapio pro herede* avait été introduite *ut essent qui sacra facerent* (Gaius, II, § 55). Mais alors, une fois qu'elle ne fit plus acquérir le titre d'héritier, le but de cette prescription fut complétement manqué pour les pontifes, puisqu'ils ne pouvaient plus demander la prestation des *sacra* à ceux qui avaient usucapé. Il fallait donc que de leur propre autorité ils obligeassent aux *sacra* ceux qui profitaient de la succession, ou du moins ceux qui en profitaient le plus, qu'ils fussent héritiers ou non : c'est ce qu'ils firent, car Cicéron nous dit au chapitre 21 : « Sacra cum pecunia, pontificum auctoritate, *nulla* « *lege* conjuncta sunt. »

Sacra pecunia conjungere, telle est la règle nouvelle que les pontifes se virent forcés d'établir : il en découlait que d'abord l'héritier, le légataire ensuite, enfin l'*usucapiens pro herede* allaient supporter le poids des *sacra*. L'Édit portait : « Tribus modis sacris adstringi : « 1° *hereditate;* — 2° *aut si majorem partem pecuniæ* « *capiat;* — 3° *aut si major pars pecuniæ legata est*, « si inde quippiam ceperit » (Cicéron, *De legibus*, lib. II, chap. 20.) Or, et voilà qui devient important pour nous, Scévola substitua à la rédaction première de l'Édit, une autre plus rationnelle et plus complète, sans rien innover cependant quant aux principes, ni quant aux personnes qui devaient payer les *sacra*[1] : il rapprocha

[1] On n'a qu'à lire le commencement du chap. 20 de Cicéron pour être convaincu que toute l'œuvre de Scévola consista à perfectionner l'ancienne rédaction de l'Édit, et que, par suite, les trois dernières classes du nouvel édit ne sont que le développement de la seconde classe de l'ancien. « Hæc nos a Scævola *didicimus*, dit Cicéron, non ita *descripta* ab antiquis. Nam illi quidem *his verbis docebant...* » Puis il conclut : « *Sed pontificem sequamur*, » ce qui peut seulement

la troisième classe de la première, puisque toutes deux supposent qu'il y a un héritier, et il fit trois classes de la seconde, pour marquer avec plus de précision quelles personnes étaient des *usucapientes pro herede.* Mettons en parallèle les deux rédactions, telles que Cicéron nous les a transmises :

ANCIEN ÉDIT.	RÉDACTION DE SCÉVOLA.
Tribus modis sacris adstringi.	*Quæruntur qui adstringantur sacris.*
1° Hereditate.	1° Heredum causa justissima est. Nulla est enim persona quæ ad vicem ejus, qui e vita emigraverit propius accedat.
3° Aut si major pars pecuniæ legata est, et inde quipp. ceperit.	2° Deinde qui morte testamentove ejus tantundem capiat, quantum omnes heredes[1].
2° Aut si majorem partem pecuniæ capiat	3° Tertio loco, si nemo sit heres, is, qui de bonis quæ ejus fuerint, quum moritur, usuceperit plurimum *possidendo.* 4° Quarto, *si nemo sit qui ullam* REM *ceperit*, de creditoribus ejus qui plurimum servet. 5° Extrema illa persona est, ut is, qui ei qui mortuus sit, pecuniam debuerit, neminique eam solverit, perinde habeatur, *quasi eam pecuniam ceperit.*

Ainsi, il va nous suffire d'analyser les trois dernières classes de l'Édit de Scévola, pour apprendre au profit de qui l'*usucapio pro herede* pouvait s'accomplir.

signifier : la rédaction de Scévola est préférable quant à la forme ; car si elle avait été différente quant au fond, elle eût été obligatoire, et Cicéron n'eût pu opter entre elle et la rédaction primitive.

[1] Si Scévola exige que le légataire ait reçu *quantum omnes heredes*, c'est une conséquence de la loi Voconia, et cela ne change pas le principe que le *légataire est tenu au paiement des sacra* (*sacris adstringitur*).

1° *Si nemo sit heres, is, qui de bonis, quæ ejus fuerint, cum moritur, usuceperit plurimum* POSSIDENDO. — C'est là l'*usucapio pro herede* proprement dite ; un tiers a pris possession d'un bien héréditaire et l'a retenu entre ses mains durant une année.

2° *Si nemo sit, qui ullam rem ceperit, de creditoribus ejus, qui plurimum servet.* — Le sens de cette disposition de l'Édit est loin d'être clair, et il s'est élevé de vives controverses sur son interprétation[1]. Je ne chercherai pas à réfuter toutes les opinions si diverses qui ont été émises à ce sujet, me bornant à indiquer l'explication que je crois devoir moi-même proposer et qui résulte déjà en partie de ce qui précède. Cette explication, la voici : à défaut du véritable *usucapiens pro herede*, du possesseur d'un corps héréditaire, «si nemo «sit qui ullam rem ceperit» (*sensu proprio*), l'obligation aux *sacra* pèse sur ceux qui, *par extension*, peuvent usucaper *pro herede*. Ces personnes, quelles sont-elles ? — En première ligne se trouvent *qui plurimum de creditoribus servent*. Vient ensuite (dans la cinquième classe) le débiteur du défunt qui s'est soustrait au paiement. Cette gradation descendante, s'il est permis de s'exprimer ainsi, ne détermine-t-elle pas le sens des termes énigmatiques « qui plurimum de creditoribus «servent?» Qui donc pouvait-on ranger de la sorte, entre le possesseur d'un corps certain et les débiteurs du défunt, si ce n'est les débiteurs de l'hérédité va-

[1] Voy. surtout Savigny, *Ueber die juristische Behandlung der* SACRA PRIVATA etc. (*Vermischte Schriften*, 1850, I, p. 166 et suiv.); Leist, *Die bonorum possessio*, I, p. 49-51 ; Huschke, *Ueber das Recht des* NEXUM *und das alte römische Schuldrecht* (Leipzig 1846), p. 91. Chacun de ces auteurs a proposé un système différent.

cante et ceux contre lesquels une *actio fiduciæ* aurait appartenu au D. C.? Quels autres tenaient comme eux des deux classes de personnes entre lesquelles nous les trouvons placés? Celui qui avait vendu ou détruit un bien de la succession pouvait et devait être assimilé, dans une certaine mesure, à l'indû possesseur; mais, d'un autre côté, s'il n'indemnisait pas l'hérédité, n'offrait-il pas des points de ressemblance avec le débiteur du défunt qui, de son propre chef, se dispensait d'acquitter sa dette? En second lieu, ceux qui avaient reçu, par une mancipation du défunt, un bien qu'ils s'étaient engagés à rendre (*cum fiducia*), cas fréquent sous l'empire du *nexum*, étaient des *debitores defuncti*, et, comme tels, devaient pouvoir opposer l'*usucapio pro herede* à l'action personnelle dirigée contre eux; mais ne se rapprochaient-ils pas aussi de celui *qui rem aliquam usuceperit*, en ce que la prescription de l'*actio fiduciæ* leur faisait acquérir la propriété définitive d'un *corpus hereditarium? De creditoribus ejus qui plurimum servet :* cela ne peut donc avoir d'autre sens que : *toute personne qui enlève le plus de biens de la succession aux créanciers du défunt.* Mais pourquoi parle-t-on des créanciers du défunt et non de ses héritiers? Il n'y a là rien qui doive nous étonner; pour que la classe qui nous occupe puisse être obligée aux *sacra*, il faut que l'hérédité soit vacante, car sans cela l'héritier serait seul tenu envers les pontifes[1]; c'est donc réellement au détriment des créanciers du défunt que l'*usucapio pro herede* se réalise. Et ainsi l'expression employée par Scévola se justifie fort bien.

[1] Aussi l'indication de la troisième classe était-elle précédée de ces mots : *Si nemo sit heres*.

3° *Extrema illa persona est, ut is, qui ei, qui mortuus sit, pecuniam debuerit, neminique eam solverit, perinde habeatur, quasi eam pecuniam ceperit.* — Nous trouvons ici la preuve que le débiteur du défunt, qui parvenait pendant un an à échapper à toute action, était considéré comme un *usucapiens pro herede :* il était libéré de sa dette, et censé avoir prescrit la valeur qui en formait le montant.

En résumé, pouvaient usucaper *pro herede:* le possesseur d'un objet singulier de la succession, le débiteur de l'*hereditas jacens,* enfin tous ceux qui s'étaient obligés envers le D. C. Voilà pourquoi ces diverses personnes pouvaient être atteintes aussi par l'*hereditatis petitio.*

Il nous reste à faire voir que de la part de ceux contre lesquels l'héritier pouvait intenter des actions réelles *singulares,* l'*usucapio pro herede* n'était jamais à craindre, à raison du non-exercice de ces actions. La démonstration ne sera pas longue. Quand une personne étrangère à l'hérédité possède un *corpus hereditarium,* de deux choses l'une : ou sa possession a une date postérieure à l'ouverture de la succession, ou bien elle est antérieure à cette époque. Au premier cas, le droit réel du défunt n'a pas besoin d'être prouvé, et l'on ne comprendrait pas qu'une action réelle spéciale fût exercée, car il suffit à l'héritier d'établir sa vocation et la possession de son auteur, pour triompher par l'*hereditatis petitio.* Dans le second cas, les motifs sont différents, la solution est la même. Tant que l'on vécut à Rome sous le joug du *nexum,* ceux qui tenaient leur possession du défunt, s'ils n'étaient propriétaires incommutables, l'étaient au moins *cum fiducia :* l'héritier avait contre eux l'*actio fiduciæ;* plus tard, la propriété ne reposait plus sur leur tête, mais ils pouvaient être atteints par l'action spéciale à chaque contrat: à l'une et l'autre époque donc, c'était par des actions personnelles et non par des actions réelles que ces possesseurs étaient poursuivis. Mais il n'est pas même nécessaire de parler de la seconde époque : ceux qui n'avaient reçu du D. C. que la simple détention d'un de ses biens ne pouvaient, par l'*usucapio pro herede*, en acquérir la propriété ; la règle : *Nemo sibi causam possessionis mutare potest* y faisait obstacle. Cette règle empêchait aussi d'usucaper *pro herede* tous ceux qui possédaient déjà du vivant du défunt, sans titre, ou en vertu d'un titre émanant d'un autre que lui.

Nous avons ainsi démontré que si l'*hereditatis petitio* sert à faire valoir les droits personnels et non les droits réels du D. C., l'*usucapio pro herede* en est la cause et la seule cause.

78. Les résultats auxquels nous venons d'arriver sont dès lors, en peu de mots, les suivants. Si, au lieu d'une *actio universalis* qui fît obtenir à l'héritier la possession de son auteur, et d'actions *singulares* tout à fait distinctes de la première, à l'aide desquelles il pût exercer les droits personnels ou réels compris dans la succession, on a créé une action telle que l'*hereditatis petitio*, c'est uniquement parce que l'héritier aurait été menacé, sans cela, de perdre son droit par l'*usucapio pro herede*. Or ce danger n'a jamais existé pour le *bonorum possessor*, l'*usucapio pro herede* se trouvant dans sa seconde phase lors de la création de la succession prétorienne ; d'où la conclusion logique que le préteur ne dut pas donner au *bonorum possessor* une action

semblable à l'*hereditatis petitio*. Il est vrai que cette dernière continua à subsister, quand l'*usucapio pro herede* ne faisait plus acquérir le titre d'héritier ; mais il ne faut voir là autre chose qu'une preuve nouvelle du respect profond que portaient les Romains aux institutions qu'ils avaient reçues de leurs ancêtres. Va donc pour l'héritier : il avait depuis longues années une *hereditatis petitio,* il l'a conservée. Mais le *bonorum possessor!* ces considérations lui sont-elles applicables ? Quand son droit datait d'hier, pourquoi lui aurait-on accordé une action qui n'avait pour elle que son ancienneté ? Pourquoi, pouvant le faire, le préteur n'eût-il pas choisi le système de protection le meilleur et le plus rationnel ? Il n'avait qu'à intimer un ordre, qu'à donner un interdit, pour mettre le *bonorum possessor* dans la possession du défunt, il lui suffisait d'une fiction pour procurer au successeur institué par lui les actions spéciales, soit *in rem*, soit *in personam*, qui compétaient à l'héritier. C'était simple et logique, c'était revenir aux vrais principes dont l'*usucapio pro herede* avait fait dévier. Mais que dire maintenant, si cet exposé est celui même des textes, si les indications des jurisconsultes romains concordent avec les conséquences auxquelles le seul raisonnement nous a conduits ? Le *bonorum possessor* a un interdit, l'Interdit *Quorum bonorum*, au moyen duquel il obtient la possession de tous les biens qui étaient entre les mains du D. C. au moment de sa mort, mais qui n'est point donné contre les débiteurs héréditaires (Loi 1, § 1 ; Loi 2, *Quorum bonorum*, 43, 2). C'est l'*actio universalis*, que nous demandions pour lui. Voici les *actiones singulares* : à l'aide de la fiction *si Aulus Agerius Lucio Titio heres esset*, le *bonorum possessor* pouvait intenter les mêmes actions spéciales que l'héritier[1]. Or celui-ci n'avait pas seulement les actions personnelles ou réelles du D. C., mais aussi celles de l'*hereditas jacens; l'her. jacens* représentant la personnalité du défunt à laquelle l'héritier succédait[2]. De la sorte, le *bonorum possessor* atteignait avec les actions fictices aussi bien les débiteurs du défunt que les débiteurs héréditaires proprement dits.

En présence de ces témoignages des sources, toute possibilité de douter ne doit-elle pas disparaître? Le doute, on le comprendrait à la rigueur si l'on ne savait que le préteur a introduit en faveur du *bonorum possessor* des moyens de droit différents de ceux de l'héritier, qu'il ne s'est pas borné à lui donner fictivement la pétition d'hérédité ordinaire. On pourrait dire alors, avec quelque apparence de raison, qu'il a dû mettre au-dessus de toute considération le désir de se placer sous l'égide du droit civil, et être amené ainsi à étendre l'*hereditatis petitio* à la succession prétorienne. — Mais quand il est certain que le préteur a créé un système d'actions nouveau, que ce système est précisément le plus juridique, qu'il procure enfin une protection aussi efficace que l'*hereditatis petitio*, comment admettre qu'à ce système il en ait ajouté un autre encore, un autre de tous points superflu, moins rationnel même, car il était fait pour une époque déjà loin, il était resté stationnaire,

[1] Gaius, IV, § 34; Ulpien, *Lib. regul.*, tit. XXVIII, § 12 etc.

[2] Voy. *supra*, n° 75. La comparaison des lois 43 *ad leg. Aquiliam*, 9, 2, et 20, § 4, *De hered. pet.*, 5, 3, fournit du reste la preuve que l'héritier, à côté de l'*her. petitio*, avait encore les actions directes de son auteur et de l'*hereditas jacens*. Voy. encore L. 13, § 1; L. 14 pr., *De servo. corrupto*, 11, 3.

quand le droit avait marché! — L'*hereditatis petitio possessoria* ne put donc s'introduire que plus tard, et seulement pour des cas exceptionnels (tant que la *bonorum possessio* n'eut pas changé de nature) : quand cela eut lieu et quels sont ces cas, voilà ce qu'il nous reste à dire.

79. Sous Adrien, un sénatus-consulte qui, tout porte à le croire, n'est autre que le sénatus-consulte *Juventianum*, autorisa la révocation par l'*hereditatis petitio* de l'*usucapio pro herede* accomplie au détriment de l'héritier légitime. Or il était impossible de priver le *bonorum possessor* de ce bénéfice[1]. Le préteur ajouta donc à la formule de l'Interdit *Quorum bonorum* la clause nouvelle : *possideresve si nihil usucaptum esset*[2]. Je sais bien qu'on a soulevé des difficultés sur ce point : Leist notamment a prétendu que la rédaction de l'Édit avait toujours été celle qui nous est présentée dans la Loi 1

[1] In omni enim vice heredum bonorum possessores habentur (L. 2, *De bon. poss.*, 37, 1). Prætor bon. possessorem heredis loco in omni causa habet (L. 117, *De regulis juris*, 50, 17).

[2] Il ne faudrait pas entendre que c'est grâce à cette seule addition faite à la formule que le *bon. possessor* put maintenant faire tomber l'*usucapio pro herede*. L'Interdit *Quorum bonorum* ne pouvait révoquer celle-ci directement, par la simple raison qu'on ne lève point un obstacle qui n'existe pas. Que l'*usucapio pro herede* eût ou non été accomplie, cela n'aurait pas empêché le *bon. possessor* d'obtenir, par l'Interdit, la possession du défunt. Mais avant le sénatus-consulte *Juventianum* le tiers qui avait usucapé l'aurait emporté après coup par la *secundaria proprietatis actio*, et dès lors il n'y avait aucun motif de donner d'abord l'Interdit contre lui. Au contraire, après le sénatus-consulte, la *secundaria actio* fut déniée à l'*usucapiens*, et de ce moment il devint important pour le *bon. possessor* de triompher de celui-ci par l'Interdit *Quorum bonorum*. Et voilà pourquoi l'insertion, dans l'Edit, des mots : *possideresve si nihil usucaptum esset*, et la révocation de l'*usucapio pro herede* sont intimement liées.

pr., *Quorum bonorum*, 43, 2, et qu'à l'inverse de ce que nous avançons, c'est le droit civil qui a emprunté au droit prétorien la révocation de l'*usucapio pro herede*. Son argumentation ne manque pas de force. Dès le principe, dit-il, il y eut au moins quatre classes de *bonorum possessores :* les héritiers testamentaires, les *sui*, les agnats, les *gentiles*. Comme les délais accordés par le préteur sont d'un an pour les *parentes et liberi,* de cent jours pour les autres personnes, la dernière classe n'était appelée qu'un an et deux cents jours après l'ouverture de la succession. Mais ne pouvait-il pas, ne devait-il pas même arriver fatalement que l'hérédité eût passé auparavant aux mains de tiers ayant usucapé *pro herede ?* Le beau bénéfice alors que le préteur offrait en échange de l'*agnitio !* A cela Leist ajoute qu'il serait incompréhensible que l'*usucapio pro herede* eût pu subsister pendant plus de trois cents ans, à la fois pleine d'inconvénients et dépourvue d'utilité, sans soulever de vives protestations, s'il n'y avait eu un moyen tel que l'Interdit *Quorum bonorum* pour en paralyser les effets[1]. — Mais je crois qu'on peut répondre avec succès : 1° Gaius aurait-il pu dire, comme il le fait (Gaius, II, § 57), que c'est de son temps seulement que l'*usucapio pro herede* cessa d'être *lucrativa,* si depuis plusieurs siècles le préteur avait mis, aussi bien l'héritier que le *bonorum possessor*, à l'abri de cette *usucapio*, en leur faisant acquérir la possession par l'Interdit, et en refusant l'*actio proprietatis secundaria* à ceux qui avaient usucapé ? Quoi ! dès longtemps avant le sénatus-consulte *Juventianum* la

[1] Leist, *Die bonorum possessio*, I, § 21, p. 102-107; cf. Puchta, *Cursus der Institutionen*, III (publié par Rudorff, 5e édition, Leipzig 1866), § 316.

révocation de l'*usucapio pro herede* au profit de tout successeur, civil ou prétorien, ayant fait l'*agnitio bonorum possessionis*, eût été possible, eût même été fréquente, et c'est de ce sénatus-consulte seulement que Gaius l'aurait fait dater! — Un autre passage du même jurisconsulte corrobore ce premier argument. « Ejus vis et potestas, dit Gaius en parlant de l'Interdit, hæc est, ut quod quisque ex his bonis, quorum possessio alicui data est, pro herede aut pro possessore possideret, id ei, cui bonorum possessio data est, restituatur » (Gaius, IV, § 144). Ainsi, pas un mot de celui *qui possideret, si nihil usucaptum esset*; pas un mot non plus du *fictus possessor*, et pourtant, si l'Interdit avait compété contre ces deux catégories de personnes, ç'aurait été là son effet le plus remarquable, c'est en cela qu'il aurait été vraiment utile à l'héritier, qui, avant le sénatus-consulte, ne pouvait poursuivre par l'*hereditatis petitio* que les possesseurs *pro herede* et *pro possessore!* Pour que Gaius ait gardé le silence sur les deux dernières parties de la formule, il faut donc que, de date toute fraîche à l'époque où il écrivait, elles n'aient jamais eu d'intérêt que pour le successeur prétorien, et que leur inscription dans l'Édit ait été la conséquence du nouveau système établi, en faveur de l'héritier, par le sénatus-consulte d'Adrien. — 2° Nous ne ferons remarquer qu'en passant que les cas où la *bonorum possessio* pouvait appartenir aux *gentiles* étaient d'une rareté extrême[1]; mais voici un argument sur lequel nous nous appuierons avec confiance. Après que l'*usucapio pro herede* eut perdu du même coup et son caractère pri-

[1] Leist le reconnaît lui-même dans une autre partie de son ouvrage (Leist 1, § 34, p. 205 et suiv.; cf. Paul, *Sententiæ*, IV, 8, § 3).

mitif et sa raison d'être, qu'elle fut devenue impuissante à remplir le but pour lequel on l'avait introduite, but que la *bonorum possessio* faisait atteindre maintenant à sa place et beaucoup mieux qu'elle, j'accorde à Leist que tout le monde devait être d'accord pour la rendre aussi inoffensive que possible. Est-ce à dire pourtant, comme le voudrait cet auteur, que le préteur aurait pu refuser à celui *qui rem usucepit* une action que le droit civil lui accordait? Je ne me résoudrai jamais à l'admettre. Mais qu'est-ce qui empêchait les jurisconsultes de restreindre la portée de l'*usucapio pro herede*, en se plaçant sur le terrain même du droit civil? Qu'est-ce qui les empêchait, par exemple, de décider que les héritiers siens continuant sans interruption la personnalité de leur auteur, leur présence devait faire obstacle à l'*usucapio pro herede*, puisque l'hérédité n'avait jamais été sans maître un seul instant; bien plus, qu'il n'y avait pas, à vrai dire, d'hérédité, *ut nulla videatur hereditas fuisse?* (Paul, Loi 11, *De liberis et posth.*, 28, 2[1].) Et nous trouvons, en effet, cette décision dans les sources! Elle résulte d'abord *a contrario* du § 58, Comm. II de Gaius; car la seule interprétation plausible de ce texte est d'admettre qu'on avait douté d'abord si l'existence d'un héritier nécessaire empêchait l'*usucapio pro herede*, et que Gaius répond négativement quant à l'*heres necessarius;* or ceci était donner une solution con-

[1] La Loi 1, *Pro herede*, 41, 5, porte: « Pro herede ex vivi bonis nihil usucapi potest. » Cf. aussi C. 3, *De usucap. pro herede*, 7, 29. Or l'hérédité, quand il y avait des *sui*, devait être regardée comme le patrimoine d'une personne vivante, parce que, comme le dit Paul dans le fragment cité au texte (L. 11, *De lib. et post.*, 28, 2): « *In suis heredibus evidentius apparet continuationem dominii eo rem perducere.* »

traire au cas où il y avait des héritiers siens et nécessaires[1]. En second lieu, la C. 2, *De usucapione pro herede*, 7, 29, confirme cette manière de voir et déclare formellement que si le D. C. a laissé des *sui*, l'*usucapio pro herede* ne peut se produire. — Que devient alors l'argumentation de Leist? Que vient-on nous parler du danger que court le *bonorum possessor* de se voir opposer l'*usucapio* quand il n'est appelé que dans la troisième ou la quatrième classe? — S'il y a des *sui*, cette prescription ne peut même jamais commencer; s'il n'y en a point, les agnats sont admis à faire l'*agnitio* au bout de cent jours; les *gentiles*, la dernière classe, au bout de deux cents jours: ces successeurs seront donc toujours à temps pour interrompre l'*usucapio pro herede*. — D'un autre côté, pourquoi Leist se récriait-il sur l'absence d'un moyen propre à conjurer les effets d'une prescription aussi injuste? le moyen n'est-il pas trouvé? En proclamant le principe que la seule présence des héritiers siens rendait l'*usucapio* impossible, ne diminua-t-on pas dans des proportions considérables les cas où elle pouvait se rencontrer encore? — 3° La réponse que nous venons de faire aux objections de Leist, si elle est péremptoire pour l'époque, seule prévue par lui, où il n'y avait que quatre classes de *bonorum possessores*, pourrait ne pas le paraître une fois que le système de la succession prétorienne se fut développé, et qu'il comprit un nombre de classes beaucoup plus grand. Il nous reste donc à montrer pourquoi, même alors, la révocation de l'*usucapio pro herede* ne fut nullement nécessaire au *bonorum possessor*. *A priori* déjà,

[1] Huschke, *Zeitschrift für geschichtliche Rechtswissenschaft*, XIV, p. 167 et suiv.; Machelard, *Théorie des Interdits*, p. 80 et suiv.

il est inadmissible que, pour déterminer après quel laps de temps l'*agnitio* d'un successeur était permise, on dut faire la somme de tous les délais attribués aux ordres précédents. Voyez les conséquences où l'on aboutirait sans cela. Supposons qu'il se trouve des *liberi* et que le défunt ait fait un testament. Le délai de la *contra tabulas* sera d'un an, celui de la *secundum tabulas* d'un an aussi, si des *parentes et liberi* ont été institués ; les enfants auront ensuite un an pour faire l'*agnitio unde liberi;* mais au bout de ce délai, ils pourront venir encore, soit dans l'ordre *unde legitimi*, soit dans l'ordre *unde cognati*, et chaque fois un nouveau délai d'une année leur sera octroyé; viendra enfin la classe *unde vir et uxor* avec un délai de cent jours. Ainsi *cinq ans et cent jours*[1] pendant lesquels on ne saura si quelqu'un voudra de la succession ! Et c'était là le moyen rapide inventé par le préteur pour satisfaire le plus tôt possible créanciers et pontifes! — Ces résultats parlent assez d'eux-mêmes, et nous n'aurions pas besoin de montrer que le préteur sut s'arranger pour que dans un délai très-court, dans l'année du décès au moins, un *bonorum possessor* fût constitué. Nous ferons connaître cependant deux causes par suite desquelles ce but devait être en grande partie atteint. D'abord, pour que la *bonorum possessio* fût déférée à une classe, il n'était pas nécessaire que tous les délais des classes antérieures fussent

[1] Ce calcul même est fait au plus bas! L'esprit s'effraie des chiffres auxquels on arrive quand on remarque que derrière le *scriptus* pouvaient se placer des substitués, derrière le fils venant comme *legitimus*, un *proximus agnatus*, dans la classe des *cognati*, derrière le plus proche, une série de parents de degrés différents, et que chacune de ces personnes avait droit à un délai d'au moins cent jours!

expirés, il suffisait de la preuve que personne n'était appelé dans celles-ci, ou que les appelés, par suite de mort ou de renonciation, ne pouvaient faire l'*agnitio* (Loi 1, § 8, *De successorio edicto*, 38, 9; Loi 1, § 3, *Si tabulæ testam. nullæ ex tab.*, 38, 6)[1]. La portée de ce principe se démontre toute seule. Mais le préteur, en instituant le *jus deliberandi*, apporta un nouveau remède à la situation. Mis, par une *interrogatio in jure* des créanciers, en devoir d'opter pour l'acceptation ou la répudiation de l'hérédité, le *bonorum possessor* comme l'*heres* voyait son droit anéanti s'il ne se prononçait dans l'un ou l'autre sens, au cours du délai que lui assignait à cet effet le préteur, et qui pouvait être d'une durée beaucoup moindre que le délai ordinaire de la *bonorum possessio*, au moins quand il s'agissait de *parentes et liberi* (Loi 1, § 12, *De success. edicto*, 38, 9; cf. Loi 2, *De jure deliberandi*, 28, 8; Paul, *Sentent.*, IV, 8, § 21). — Il me semble que la combinaison de ces deux principes, jointe à ce que nous avons dit précédemment de la présence des *sui*, doit faire regarder comme illusoire le péril que Leist redoutait pour le *bonorum possessor*, et à raison duquel la révocation de l'*usucapio pro herede* lui paraissait indispensable dès longtemps avant le sénatus-consulte d'Adrien.

Le système de Leist réfuté, il faut admettre, comme nous le disions en commençant, que le préteur emprunta au droit civil l'innovation introduite par le sénatus-consulte[2]. Le *jus civile* déniant maintenant à celui qui

[1] Voy. Leist lui-même, I, § 21, note 5, p. 103-104; *Adde* L. 14, *De bon. poss.*, 37, 1; L. 9, § 1, *Unde cognati*, 38, 8.

[2] Savigny est de cet avis, mais il se contente de dire, en note, que plusieurs auteurs ont appuyé l'opinion contraire sur des raisons très-sérieuses (Savigny, *Vermischte Schriften*, II, p. 239, note 1).

avait usucapé, l'*exceptio justi dominii* contre l'*hereditatis petitio,* rien n'était plus naturel que de voir le préteur lui refuser de même la formule de l'*actio proprietatis secundaria* s'il voulait se retourner contre le *bonorum possessor,* après avoir été vaincu par l'Interdit *Quorum bonorum.* Mais cela ne pouvait point suffire. Nos précédentes recherches ne nous ont-elles pas appris que les possesseurs de *res hereditariæ* n'étaient pas les seules personnes qui pussent usucaper *pro herede,* qu'à côté d'eux et sur la même ligne devaient être mis les débiteurs, soit du défunt, soit de l'hérédité, les *debitores hereditarii,* en un mot? Eh bien! que pouvait contre ceux-ci l'Interdit *Quorum bonorum?* A-t-on oublié les termes si formels de Paul, qui dit dans la Loi 2, *Quorum bonorum,* 43, 2 : « Interdicto Quorum bonorum debitores hereditarii non tenentur, sed tantum corporum possessores? » Mais les actions fictices n'étaient-elles pas également impuissantes? Voit-on le *bonorum possessor* intentant, *ficto se herede,* des actions qui n'auraient pas appartenu à un héritier? exerçant des droits qui avaient cessé d'exister? poursuivant l'exécution d'obligations éteintes? Se figure-t-on une force révocatoire attachée à des actions qui, par leur essence même, supposent que le droit sur lequel on les base est intact? Qu'une *actio universalis* telle que l'*hereditatis petitio,* tendant, en apparence au moins sinon en réalité, à la reconnaissance du titre d'héritier, fasse tomber l'*usucapio pro herede,* cela se comprend; mais que le même effet soit produit par les actions *singulares*, voilà ce qu'on ne peut s'imaginer. — Et la conclusion de tout ceci? c'est qu'une action analogue à la pétition d'hérédité devait, sous Adrien, être donnée au *bonorum pos-*

sessor pour lui permettre d'enlever aux *debitores hereditarii* le bénéfice de l'*usucapio pro herede*, l'Interdit *Quorum bonorum* lui assurant maintenant le même avantage vis-à-vis des possesseurs de corps héréditaires.

80. La règle : « Semper, qui dolo fecit, quo minus haberet, pro eo habendus est, ac si haberet » (L. 157, § 1, *De regulis juris*, 50, 17) ne s'étant établie dans le droit civil que par le sénatus-consulte *Juventianum*, il ne me paraît pas croyable qu'elle ait été en vigueur, avant cette époque, dans le droit prétorien : d'où il suit que c'est une application du sénatus-consulte à la *bonorum possessio* qui a fait écrire dans la formule de l'Interdit *Quorum bonorum* les mots : « Quod quidem dolo malo fecisti ûti desineres possidere[1]. » Voilà donc deux dispositions, la révocation de l'*usucapio pro herede* des possesseurs de biens héréditaires, le droit de faire condamner *is qui dolo desiit possidere*, comme s'il possédait encore, qui, créées par le sénatus-consulte d'Adrien, ont été étendues de l'héritier au *bonorum possessor*. Mais il est impossible qu'engagé sur cette voie le préteur s'y soit arrêté, qu'il n'ait pas poussé jusqu'au bout l'assimilation du *bonorum possèssor* et de l'héritier, dans leurs rapports avec les tiers. Ce que nous savons qu'il a fait nous est garant qu'il n'a pas manqué à ce qui lui restait à faire. Quoi! grâce à lui tous les avantages du sénatus-consulte *Juventianum* seraient devenus communs au *bonorum possessor* et à l'*heres*[2], tous à

[1] L'examen du § 144, Comm. IV de Gaius, nous avait déjà mené à la même conclusion.

[2] Objectera-t-on que l'*her. petitio* était, depuis le sénatus-consulte, donnée contre celui *qui liti se obtulit*, et que malgré cela ce

l'exception du plus important peut-être, de celui que Paul formule en ces termes : « omne lucrum aufcrendum esse tam bonæ fidei possessori quam prædoni? » (L. 28, *De hered. pet.*, 5, 3.) Il aurait oublié, lui, le principe : « bonorum possessorem in omne vice heredis haberi? » Le croire serait faire injure à son antique sagesse. Mais à quel moyen eut-il recours, comment parvint-il à faire restituer au *bonorum possessor* le prix des biens héréditaires vendus par des tiers (L. 16, §§ 1, 2, 5, *De her. pet.*, 5, 3; L. 18, *Quod metus causa*, 4, 2), ou les choses nouvelles acquises par eux de ce prix ou d'autres valeurs de la succession (L. 20 pr., *De her. pet.*); car tel était le progrès qu'il devait réaliser [1]. L'Interdit *Quorum bonorum* ne pouvait de rien servir à cet effet : il ne s'appliquait qu'aux biens dont la possession au moins avait appartenu au défunt; or ceux dont la restitution était poursuivie ici n'avaient pas été entre les mains de ce dernier au moment de sa mort. Le préteur n'avait donc qu'une chose à faire, c'était

fictus possessor échappait à l'Interdit *Quorum bonorum?* Mais qu'en sait-on si, sous ce rapport, la pétition d'hérédité et l'Interdit n'eurent pas la même portée? Le contraire, en tout cas, ne pourrait s'induire du silence de l'Édit, car le sénatus-consulte non plus n'avait prévu expressément cette hypothèse, et pourtant il avait suffi d'un raisonnement bien simple pour la faire rentrer dans ses termes. Celui qui avait cessé de posséder par dol étant traité comme possesseur, on en conclut que le dol tient lieu de possession : *dolus pro possessione est;* mais le tiers qui se laisse actionner commet un dol, il doit donc être réputé *fictus possessor* (cf. L. 13, § 13; *De hered. pet.*, 5, 3). Eh bien! le même raisonnement ne pouvait-il, ne devait-il pas être fait en faveur du *bon. possessor*, intendant l'Interdit *Quorum bonorum?*

[1] Voy. mon travail sur la *Subrogation réelle*, dans la *Revue historique de droit français et étranger*, XIV (livraison septembre-octobre 1868), p. 462 et suiv.

d'accorder *utiliter* au *bonorum possessor* la pétition d'hérédité du droit civil; car il ne pouvait véritablement songer à créer une action nouvelle pour un cas aussi spécial.

81. Une *hereditatis petitio* utile dut avoir d'autant moins de peine à s'établir dans les cas où elle présentait un sérieux intérêt qu'elle se trouvait déjà en germe dans deux dispositions, l'une de l'Édit provincial, l'autre du droit en vigueur à Rome. Dans les provinces d'abord, le *peregrinus* ne pouvant être héritier *ex jure civili*, un système de succession analogue à la *bonorum possessio* fut introduit par les proconsuls; mais au lieu des actions fictices et de l'Interdit, on donna au successeur provincial une action universelle, une sorte de pétition d'hérédité possessoire[1]. Cela me paraît résulter de la suscription de la Loi 2, *De posses. hered. pet.*, 5, 5. (Gaius, lib. VI, *ad Edictum provinciale*), et en outre de la difficulté, je dirais même de l'impossibilité qu'il y aurait eu à attribuer des actions fictices à un *peregrinus*. Cela n'aurait pu se faire qu'au moyen de la double fiction : « Si Aul. Agerius civis romanus et Lucii Titii heres esset. » Or, si les Romains ne demandaient pas mieux que d'investir fictivement de la qualité de citoyen le *peregrinus* qui était soumis à une action pénale, ou même celui auquel compétait une pareille action[2], ils ne devaient guère être disposés à multiplier les cas où cette fiction était admissible. Sans cela toute distinction entre le *civis* et le *peregrinus* n'eût-elle pas bientôt disparu? Et nous savons si le Romain était jaloux de son titre. — Si des provinces nous retour-

[1] Leist, *Die bonorum possessio*, t. II *b*, § 123, p. 47-50.

[2] Gaius, IV, § 37.

nons à Rome, nous trouverons une action donnée au *bonorum possessor*, qui offre des affinités très-grandes avec l'*hereditatis petitio :* cette action, c'est la *querela inofficiosi testamenti*. Quand des descendants, des ascendants, des frères ou sœurs, ne tiennent leur vocation que du préteur, ils n'en sont pas moins admis à demander la rescision du testament pour cause d'inofficiosité : on exige seulement d'eux qu'ils fassent l'*agnitio* de la *bonorum possessio litis ordinandæ gratia*. Sitôt cette *agnitio* faite, la *querela inofficiosi testamenti* peut être intentée par eux, tout comme s'ils étaient héritiers du droit civil [1]. Qu'est-ce pourtant que la *querela*, sinon une *hereditatis petitio contra scriptum heredem* [2]? En sorte que le *bonorum possessor*, au moment où la nécessité de lui accorder une *hereditatis petitio possessoria* commença à s'imposer, avait déjà de fait une semblable action, non sans doute à l'encontre de tout possesseur *pro herede* ou *pro possessore*, mais au moins contre l'héritier institué dans un testament inofficieux. — Il ne faudrait pas aller plus loin toutefois et prétendre que le *bonorum possessor quibus ex legibus*, ou le patron, *bonorum possessor contra tabulas liberti*, avaient une

[1] L. 19, *De inofficioso test.*, 5, 2; cf. Leist, *Die bon. possessio*, t. II *b*, § 122, p. 41.

[2] L. 20, pr. *De bon. poss. contra tabul.*, 37, 4; L. 868; L. 17 pr.; L. 19, L. 20; L. 21, § 2; L. 27, § 3, *De inoff. test.*, 5, 2; C. 3, *De hered. pet.*, 3, 31. Cf. Francke, *Das Recht der Notherben und Pflichttheilsberecht.*, p. 253 et suiv.; Mayer, *Erbrecht*, I (Berlin 1840), p. 206 et suiv.; Vering, *Röm. Erbrecht* (Heidelberg 1861), p. 401 et suiv.; Vernet, *Quotité disponible* (Paris 1855), p. 94 et suiv.; Vangerow, *Lehrbuch der Pandekten* (7e édition 1867), II, § 478, p. 262 et suiv. *Contra :* Fabricius, *Bon. possessio*, p. 136 et suiv.; Hartmann, *Akadem. Progr. über die querela inoff. testamenti* (Bâle 1864), p. 6 et suiv.

pétition d'hérédité, le premier parce qu'il tirait sa qualité de la loi, celui-ci parce que des textes disent qu'il peut *vindicare partem debitam* (L. 26, *De bonis libertorum*, 38, 2; L. 36, *eod.*). La loi, en appelant une personne à la *bonorum possessio* au lieu de la faire héritière *ex jure civili*, a voulu qu'elle fût mise sur la même ligne que tout *bonorum possessor* quelconque. Quant au *patronus*, sa *bonorum possessio dimidiæ partis* présente des points de contact si nombreux et si frappants avec la *querela inofficiosi testamenti*[1], qu'on a

[1] Je signalerai les principales règles communes à la *bon. poss. dimidiæ partis* et à la *querela inoff. testamenti*. 1° C'est au moment du décès et non de la confection du testament qu'il faut se placer pour déterminer qui a droit à la réserve (L. 2, § 1, *De bonis libert.*, 38, 2. Cf. L. 5, L. 6, § 11, *eod.* Pour la *querela* cela ne peut faire doute). 2° Il existe un *successorium edictum* entre les divers réservataires (L. 2, pr.; L. 3, § 9, *De bon. libert.* Cbn. L. 14, L. 31, *De inoffic. test.*, 5, 2). 3° Il faut que le *scriptus* ait fait adition (L. 3, §§ 5, 12, *De bon. libert.* Cbn. L. 8, § 10, *De inoff. test.* Voy. encore L. 35, L. 36, L. 42, § 1, L. 43, *De bonis libert.*). 4° La *debita pars* se calcule sur les biens appartenant au défunt à l'instant de sa mort (L. 3, § 20, L. 26, L. 35, L. 44, § 1, *De bonis libert.* Cbn. C. 6, *De inoff. test.*, 3, 28). 5° Le réservataire peut être rempli de sa réserve, soit par un legs (L. 3, §§ 15, 16, L. 44, § 1, *De bon libert.* Cbn. C. 30, § 5, *De inoff. test.*; J. II, *eod. tit.* 18, § 6), soit par une *donatio mortis causa* (L. 3, § 17, *De bon libert.* Cbn. L. 8, § 6, *De inoff. test.*) ou même une *donatio inter vivos* faite *contemplatione debitæ portionis* (L. 3, § 18, *De bonis libert* Cbn. L. 25, pr., *De inoff. test.* C. 35, § 2, *eod.* J. II, *De inoff. test.* 18, § 6), soit enfin par une disposition adressée à un tiers, *conditionis implendæ causa* au profit du réservataire (L. 3, § 19, *De bonis libert.*). Pour la *querela*, la question fait difficulté, mais l'affirmative peut assurément se soutenir (voy. Schmidt, *Das Pflichttheilsrecht des Patronus und des Parens manumissor*, Heidelberg 1868, p. 73, note 123). 6° La réserve doit être immédiatement exigible (L. 21, §§ 1, 2, *De jure patron.*, 37, 14; L. 43, *De bonis libertorum* (Cf. Schmidt, *op. cit.*, p. 76, note 127.) Cbn. C. 32, *De inoff. test.*) 7° Il y avait lieu à la

pu très-bien dire que, par l'*agnitio* qu'il fait, il revendique en quelque sorte sa *dimidia pars* entre les mains du *scriptus heres*, de même que l'exercice de la *querela* constitue une *vindicatio* de la part du *bonorum possessor litis ordinandæ gratia*.

bon. poss. contra tabulas liberti, aussi bien qu'à la *querela*, chaque fois que la *debita pars* tout entière n'était pas laissée au réservataire (Gaius, III, § 41. Ulpien, *Lib. regul.*, XXIX, § 1. Inst. III, *De succ. libert.* 7, § 1. Cbn. Inst. II, *De inoff. test.*, § 3. C. 30, pr., § 1, *eod.* etc.). Il est vrai que la *querela* faisait obtenir au réservataire sa part *ab intestat*, tandis que le *patronus* ne recevait jamais que le complément de la *dimidia pars* (J. III, *De succ. lib.* 7, § 1), et qu'à raison de cela sa *bon. poss.* paraît avoir, en pareil cas, un caractère supplétoire (L. 10, pr., *De bonis libert.*). Mais, au fond, le *patronus* était censé ne rien tenir de la volonté du défunt, aucune action *ex testamento* ne lui était accordée, il était, pour toute la *dimida pars*, *bon. possessor contra tabulas* (L. 16, §§ 7, 8, 9, *De bonis libert.* Cf. §§ 5, 6. Voy. Schmidt, *op. cit.*, p. 90-91, texte et note 158. Lœhr, *Magazin*, III [1819], p. 279). Aussi la *suppletoria actio* fut-elle introduite à la fois pour la *querela* et la *bon. poss. dimidiæ partis* (C. 30, *De inoff. test... vel alio modo subvertendum.* Voy. Schmidt, *op. cit.*, p. 83; le même, *Das formelle Recht der Notherben*, Leipzig 1862, p. 155). 8° Le réservataire est déchu de son droit *si judicium defuncti agnovit* (L. 6, § 4; L. 50, § 6; L. 8, § 4; L. 8, § 3; L. 8, § 2; L. 50, pr., §§ 1, 2), *De bonis libertorum* 38, 2. Cbn. L. 5, pr., *De his quæ ut indignis*, 34, 9; L. 8, § 10; L. 12, pr., § 1; L. 32, § 2; L. 32, § 1, *De inoff. test.*, 5, 2. Outre ces règles, la terminologie est commune à la *bon. poss. dimidiæ partis* et à la *querela inoff. test.* La part qui doit revenir dans la succession au *patronus* est, comme celle que le réservataire revendique par la *querela*, appelée tantôt *debita pars* ou *portio* (L. 114, § 1, *De legatis* 1°; L. 28, *De legatis* 2°; L. 60, *Ad. sen. cons. Trebell.*, 36, 1; L. 2, § 2; L. 3, § 10, §§ 15-20; L. 5, pr.; L. 20, §§ 1, 4; L. 24, 25, 41, 44, 45, 50, § 4, *De bonis libert.* Cbn. L. 8, § 8, § 11, *De inoff. test.*; L. 7, pr., *De bonis damnat.*, 48, 20; C. 2, *De inoff. donat.*, 3, 29), tantôt *legitima portio* (L. 19, pr. *De bonis libert.* C. 1, *De bon. poss. contra tab. liberti*, 6, 13; C. 1, *Si in fraudem patroni*, 6, 5. Nov. 1, cap. 4. Cbn. J. II, *De inoff. test.*, 18, § 3; C. 30, *eod. tit.*).

82. Si je ne me trompe, l'origine de l'*hereditatis petitio possessoria* est enfin sortie pour nous des domaines du vague et de l'inconnu. Avant le sénatus-consulte d'Adrien, cette action eût été un luxe inutile; après, elle fut une arme indispensable au *bonorum possessor* pour faire tomber l'*usucapio pro herede* des *debitores hereditarii*, et empêcher le possesseur de biens héréditaires de s'enrichir aux dépens de la succession. Il me paraît donc hors de doute que c'est à l'occasion du sénatus-consulte *Juventianum*, pour achever d'étendre ses dispositions à la *bonorum possessio*, que l'on créa l'*hereditatis petitio possessoria.* Combien même cette opinion doit-elle gagner en certitude, si l'on considère l'époque où le sénatus-consulte fut rendu! Sa date est l'an 130 après J.-C., et de la sorte il correspond à un événement législatif des plus importants, à la rédaction de l'Édit perpétuel, qui reçut force de loi en l'année 131. Ainsi c'est au moment même où Salvius Julianus, un préteur, était investi par l'empereur du pouvoir d'ajouter, de suppléer aux anciens édits, de réformer ce qu'il jugerait convenable, de faire en quelque sorte acte de législateur, puisque son Édit devait avoir l'autorité de la loi, c'est à ce moment que le besoin d'une *hereditatis petitio possessoria* se fit sentir: peut-on douter qu'un magistrat aussi éclairé que Julien n'ait pas eu hâte de satisfaire à ce besoin? l'occasion n'était-elle pas belle d'ailleurs d'introduire dans l'Édit une action qui pouvait devenir d'une utilité capitale au *bonorum possessor*, si l'*hereditatis petitio* subissait encore, par la suite, d'avantageuses transformations, et pense-t-on que cette occasion, Julien l'ait laissée échapper? L'Édit perpétuel contenait donc un chef que nous

ne pouvons évidemment recomposer à coup sûr, mais dont le sens était très-probablement celui-ci :

QUIBUS EX EDICTO BONORUM POSSESSIO DATA EST, UT AUFERATUR OMNE LUCRUM TAM BONÆ FIDEI POSSESSORI QUAM PRÆDONI, DEBITORIVE HEREDITARIO, HEREDITATIS PETITIONEM UTILITER DABO.

La disposition devait être conçue en ces termes ou d'autres analogues, pour qu'il fût bien entendu que l'innovation faite par Julien se rattachait au droit civil, que le principal but de l'*hereditatis petitio* utile qu'il venait d'introduire était de faire participer le *bonorum possessor* à tous les avantages que l'héritier tenait du sénatus-consulte, mais pour qu'en même temps cette action ne fût pas déniée au *bonorum possessor*, s'il se présentait plus tard d'autres cas où il aurait intérêt à l'exercer[1]. Pourtant je ne crois pas qu'avant Dioclétien cela ait eu lieu, que l'*hereditatis petitio possessoria* se soit rencontrée en des hypothèses autres que celles qu'on avait eues en vue en la créant. Si elle avait été généralisée, si elle était devenue d'un fréquent usage, n'en trouverions-nous pas des traces nombreuses dans les fragments des jurisconsultes classiques? ceux-ci ne s'en seraient-ils pas occupés, de préférence même à l'Interdit et aux actions fictices, qui eussent été relégués à l'arrière-plan? Au lieu de cela, n'est-ce pas de ces

[1] La généralité de la formule proposée par nous est assez grande pour que l'*her. pet. possessoria* eût pu être intentée par le *bon. possessor* chaque fois qu'il y aurait eu un intérêt quelconque. Tout possesseur d'une chose héréditaire (encore qu'il eût perdu plus tard sa possession) ne pouvait-il pas être considéré comme s'étant enrichi jusqu'à concurrence de la valeur de cette chose, et tout *debitor hereditarius* comme faisant un *lucrum* tant qu'il ne s'était pas acquitté complétement de son obligation ?

actions, de cet Interdit, seuls qu'on nous entretient? Y a-t-il un texte dans les titres si abondants du Digeste consacrés aux *bonorum possessiones*[1], ou dans les écrits de Gaius que nous possédons, qui fasse mention de l'*hereditatis petitio possessoria?* Est-il dans toute la compilation de Justinien beaucoup de titres aussi peu nourris que le tit. V, liv. 5, *De her. pet. poss.?* Deux minces fragments, c'est tout ce que Tribonien a su tirer des immenses matériaux qu'il était chargé de compulser. Cela ne nous enseigne-t-il pas que l'*hereditatis petitio possessoria* n'était employée que dans les cas exceptionnels qui lui donnèrent naissance, que durant toute l'époque classique, jusqu'à Dioclétien même, comme nous le verrons plus loin, ce ne fut qu'un *remedium extraordinarium?* La raison en est facile à saisir : d'une part, ces cas étaient les seuls où l'Interdit *Quorum bonorum* et les *ficticiæ actiones* ne procuraient pas au *bonorum possessor* une protection aussi efficace qu'à l'héritier l'*hereditatis petitio ;* d'un autre côté, toutes choses égales, le *bonorum possessor* avait beaucoup plus d'avantages à se servir des moyens que le préteur avait autrefois créés pour lui, que de l'*hereditatis petitio possessoria*, qui du droit civil venait d'être transportée dans le droit prétorien. Ne savons-nous pas que l'héritier lui-même lui empruntait souvent son Interdit comme plus avantageux que la pétition d'hérédité? (Gaius, III, §34.) Et, en effet, l'utilité de l'Interdit *Quorum bonorum*, et même des actions fictices, était grande. Pour intenter le premier, il suffisait au *bonorum possessor* de se référer à la *delatio* qui, sur simples présomptions, lui avait été faite par le préteur, et, quant aux

[1] Voy. *supra*, nos 65 et 66.

actions fictices, leur exercice nécessitait la seule preuve du droit personnel ou réel qu'invoquait le *bonorum possessor*, comme ayant appartenu au D. C. De combien cette procédure l'emportait en rapidité et simplicité sur celle de la pétition d'hérédité ! Tendant par sa nature même à la reconnaissance de la vocation du *bonorum possessor* ou de l'héritier, la *possessoria hereditatis petitio*, comme l'*hereditatis petitio* ordinaire, devait exiger une preuve complète du titre sur lequel cette vocation se fondait : en aucun cas on ne pouvait se contenter de la déclaration, émanant même du magistrat, que beaucoup de probabilité militait en faveur de tel successeur. Cela n'aurait-il pas été directement contraire à l'idée que se faisaient les Romains d'une pétition d'hérédité ?

83. Une objection : Qu'est-ce qui devait guider le *bonorum possessor* dans le choix de son action ? Comment savait-il toujours si une *usucapio pro herede* s'était accomplie au profit des *debitores hereditarii ?* si des biens de la succession avaient été vendus avec gain ? si des choses nouvelles avaient été achetées *hereditatis causa ?* Et ne fallait-il pas que le *bonorum possessor* fût fixé d'une manière certaine sur ces divers points, si l'on doit admettre que l'*her. petitio possessoria* se restreignit pendant longtemps aux cas où la réponse à l'une ou à l'autre des questions indiquées était affirmative ? — La difficulté n'est qu'apparente. Nous avons vu précédemment que l'héritier ne peut faire valoir les droits réels du défunt au moyen de l'*hereditatis petitio :* il se trouve donc, en certains cas, dans la même situation où nous venons de représenter le *bonorum possessor ;* car le choix qu'il est obligé de

faire entre l'action réelle et la pétition d'hérédité dépend entièrement de la question de savoir en vertu de quel titre une chose héréditaire est possédée. S'il intentait l'*hereditatis petitio* contre un *juris possessor*, il succomberait aussi infailliblement que le *bonorum possessor* qui voudrait poursuivre avec une action fictice des débiteurs ayant usucapé, ou demander à l'aide de l'Interdit le prix d'un *corpus hereditarium* vendu. Mais l'héritier sortait de l'incertitude grâce à une *interrogatio in jure*[1] : pourquoi n'en aurait-il pas été de même du *bonorum possessor?* Pour l'un comme pour l'autre, l'intérêt était égal : il s'agissait d'une option à faire entre deux actions. — De même donc que l'héritier s'adressait *in jure* au possesseur, afin d'apprendre de lui s'il possédait *pro herede* ou *pro possessore*, de même le *bonorum possessor* posait au débiteur héréditaire la question : *An pro herede usuceperit?* et demandait à celui qui s'était emparé de biens de la succession : *An rem hereditariam distraxerit?* ou bien, *An rem comparaverit causa hereditatis?* — Suivant la réponse qui lui était faite, il exerçait l'*hereditatis petitio possessoria* ou, au contraire, soit l'Interdit, soit les actions fictices. — A peine est-il besoin de remarquer que ces *interrogationes* n'avaient rien que de conforme à l'esprit qui présidait à l'admission de ce genre d'incidents[2], qu'elles portaient sur des faits personnels

[1] L. 12, *De hered. pet.*, 5, 3 ; C. 11, *De hered. pet.*, 3, 31. Scholiaste aux Basiliques, livre XV, tit. 1 ; schol. 24, p. 6 (*Supplementum editionis Basilicorum Heimbachianæ... Ed. Zachariæ a Lingenthal*, Lipsiæ 1846).

[2] Cf. outre les textes cités à la note précédente : L. 36, *De rei vindicat.*, 6, 1 ; L. 9, § 6 ; L. 20, pr. ; L. 20, § 1 ; L. 21, *De interrog. in jure faciend.*, 11, 1. Voy. aussi Bonjean, *Traité des actions*, I,

aux défendeurs, enfin qu'elles étaient de nature à être autorisées, *ex æquitate*, par le préteur (Loi 21, *De interrogat. in jure fac.*, 11, 1).

84. Il nous reste à déterminer quelle était la formule de l'*hereditatis petitio possessoria*. La chose n'est pas aisée, et toutes les tentatives qui, jusqu'à ce jour, ont été faites dans ce sens me semblent être demeurées infructueuses. On ne peut songer, en effet, à une formule conçue *in factum*, puisqu'il s'agit d'une action donnée à l'image de l'*hereditatis petitio*; mais, comme nous l'avons dit plus haut, la formule ne pouvait non plus être analogue à celle des actions fictices que Gaius nous a transmise. Ç'aurait été un véritable non-sens qu'une formule rédigée ainsi : « Si A. A. L. Seii heres esset, tum, si ea hereditas, de qua agitur, ex jure Quiritium ejus esse oporteret, » où l'on aurait dit au juge de rechercher si le demandeur devait être héritier, au cas où il serait héritier! J'estime pourtant qu'une fiction était possible, et je proposerais de reconstruire comme suit la formule de l'*hereditatis petitio possessoria :*

JUDEX ESTO. SI BONORUM POSSESSOR HERES ESSET, TUM, SI EAM HEREDITATEM, DE QUA AGITUR, EX JURE QUIRITIUM AULI AGERII ESSE OPORTERET, NEQUE EA HEREDITAS ARBITRIO TUO A° A° RESTITUATUR, QUANTI EA RES ERIT, TANTAM PECUNIAM, JUDEX, NUMERIUM NEGIDIUM AULO AGERIO CONDEMNA : SI NON PARET, ABSOLVITO.

p. 490 et suiv.; Brackenhœft, *Beiträge zur Lehre vom Geständniss* (*Archiv für civilist. Praxis*, XX, 1837, p. 284 et suiv.); Savigny, *System des heut. röm. Rechts*, VII, Berlin 1848, § 305, p. 20 et suiv.

De même, si le *bonorum possessor* voulait agir *per sponsionem*, il stipulait, sans doute, en ces termes : SI BONORUM POSSESSOR HERES ESSET, TUM SI EA HEREDITAS, DE QUA AGITUR, EX JURE QUIRITIUM MEA ESSET, SESTERTIUM XXV DARE SPONDES ?

La formule que je viens d'indiquer devait être celle aussi de la *querela inofficiosi testamenti*[1], dans le cas où elle était intentée par un *bonorum possessor*, devant l'*unus judex*[2]. Quant aux hypothèses, beaucoup plus nombreuses[3], où le litige soulevé par la *querela* était soumis au tribunal centumviral, elles ne nécessitaient pas l'emploi d'une fiction. D'abord le préteur, en pareil cas, ne délivrait pas de formule[4], et d'autre part, les termes de la *legis actio*, dont on obligeait les plaideurs d'accomplir préalablement les solennités devant le préteur, étaient sacramentels et ne comportaient aucune amplification. L'indication du titre du demandeur n'y entrait jamais pour rien[5]. C'est donc à tort

[1] On y ajoutait peut-être seulement les mots : *ex causa inofficiosi testamenti*.

[2] L. 8, § 16 ; L. 17, § 1, *De inoff. test.*, 5, 2 ; L. 14, pr., *De appell. et relat.*, 49, 1. Gaius, IV, § 31. Pline, le Jeune, *Epist.*, V, 1.

[3] L. 10, pr. 13, 15, § 2 ; 17, pr., *De inoff. test.*, 5, 2 ; L. 76, pr., *De legatis* 2° ; C. 12, *De her. pet.*, 3, 31 ; C. 4, *De liber. præt.*, 6, 28. Valère Maxime, VII, 7, § 2 ; VII, 8, § 1. Cicéron, *De oratore*, 1, 38. Quintilien, *Inst. orat.*, VII, 4, nos 11 et 20. C'est la fréquence de ces cas qui aura fait croire Zimmern à la compétence exclusive des centumvirs (*Traité des actions*, trad. Étienne, p. 97).

[4] Zimmern, *loc. cit.* Bonjean, *Traité des actions*, I, p. 206. *En sens contraire :* Krug, *Ueber die Legis actiones und das Centumviral-gericht der Römer*, Leipzig 1855, p. 20 et suiv.

[5] La *legis actio* ne servait pas, comme la formule, à articuler les points sur lesquels portait le litige ; c'était une simple solennité de mots qui devait être remplie après que le demandeur avait exposé les motifs de sa demande. Je n'en veux pas d'autre preuve que les

que plusieurs auteurs[1] ont voulu que la *legis actio* elle-même ait été *ficticia* et se sont demandé comment cette fiction pouvait être conçue.

85. Si l'*hereditatis petitio possessoria* ne se rencontrait qu'exceptionnellement à l'époque classique, il n'en fut plus de même après Dioclétien. Son usage alors devint général, elle fut exercée par le *bonorum possessor* dans tous les cas où la pétition ordinaire compétait à l'héritier. Veut-on s'en assurer, il suffit de mettre en regard des Constitutions de cet empereur celles de ses prédécesseurs ou les écrits des jurisconsultes classiques. La différence est remarquable! — Dans les premières, on trouve à chaque pas les expressions *vindicatio successionis*, *vindicare successionem* ou *bona*, appliquées à l'action du *bonorum possessor*[2], tandis qu'on les chercherait vainement dans les textes antérieurs à Dioclétien. Or il n'y a pas à se méprendre sur le sens de cette terminologie nouvelle : *vindicatio successionis* a toujours été synonyme de *hereditatis petitio*[3]. C'est dire

expressions *sicut dixi*, — *jus peregi*, — qui se trouvent parmi les paroles que devaient échanger les parties. — Cf. d'ailleurs Tite-Live, III, 41. — *En ce sens:* Zimmern, *Traité des actions*, § 40, p. 108.

[1] Huschke, *Kritische Jahrbücher de Richter*, V, 1839, p. 24. Leist, *Die bonorum possessio*, t. II *b*, p. 39-42. — Cf. Fabricius, *Rheinisches Museum*, 1833, p. 149.

[2] C. 4, *Qui admitti ad bon. poss.*, 6, 9, C. 2. *Unde legitimi*, 6, 15. C. 2. *De success. edicto*, 6, 16. C. 8, *De legit. hered.*, 6, 58. C. 5. C. 8, *Communia de success.*, 6, 59.

[3] L. 1, § 5, *Si pars hered. pet.*, 5, 4. L. 3, *Expilatæ hered.*, 47, 19. C. 3, *De hered. pet.*, 3, 31. C. 1, *De Carb. edicto*, 6, 17. C. 13. *De collat.*, 6, 20. C. 3, *De testamentis*, 6, 23. C. 8, *De jure deliber.*, 6, 30. C. 9, *Commun. de succ.*, 6, 59. C. 12, *De testam. man.*, 7, 2. C. 4, *In quibus causis cessat longi temp. præscr.*, 7, 34. — Ce dernier texte surtout me semble probant.

que l'*hered. petitio possessoria* était devenue pour le *bonorum possessor* le mode régulier de faire valoir ses droits successifs. Et, en effet, plusieurs Constitutions de cette époque placent sur la même ligne le *bonorum possessor* et l'*heres*, quant au genre d'action leur appartenant à l'un et à l'autre[1]. Bien plus, dans la C. 9, *De petitione hered.*, 3, 31, l'empereur dit au successeur prétorien, comme à l'héritier civil : « res hereditarias, quæ in eadem causa durant, *hereditatis petitione vindicare* potes! »

Y a-t-il lieu de s'étonner que cette dernière Constitution soit la seule (à ma connaissance du moins) où l'action du *bonorum possessor* soit appelée *hereditatis petitio?* Je ne le crois pas, et cela parce qu'il me paraît bien difficile d'admettre que la dénomination d'*hereditatis petitio possessoria* ait jamais servi à désigner, à l'époque classique, la pétition d'hérédité, qui alors déjà compétait au *bonorum possessor*. Je ne me fonderai pas seulement sur la basse latinité du mot *possessoria*, quoique cet argument ait une certaine valeur, car, si la même épithète était donnée à l'Interdit du *bonorum emptor* dès le temps de Gaius, voyez si ce jurisconsulte ne la traite pas en néologisme! il n'ose se l'approprier : sa conscience de puriste semble s'y refuser; il croit avoir assez fait en nous apprenant que quelques-uns nomment cet Interdit *possessorium* (Gaius, IV, § 145[2]).

[1] C. 14, *De jure delib.*, 6, 30. C. 8, *De legit. hered.*, 6, 58. C. 8, *Commun. de success.*, 6, 59.

[2] Il est vrai que l'expression *possessoriæ actiones* se trouve au Digeste pour désigner les moyens de droit du *bonorum possessor*; mais ce n'est que dans deux textes, la Loi 4, *De Carbon. edicto*, 37, 10, et la Loi 50, § 4, *De bonis libert.*, 38, 2.

Mais je me demande surtout pourquoi Justinien n'aurait pas inséré dans le titre *De her. petitione possessoria* un texte où l'action annoncée dans la rubrique aurait été appelée par son nom. N'est-ce pas ce qu'il a fait pour l'*hered. petitio fideicommissaria?* (L. 1; L. 3, *De her. pet. fid.*, 5, 6.) Si l'on considère d'ailleurs qu'à l'époque classique la pétition d'hérédité n'était accordée au *bonorum possessor* que par extension du droit civil et comme complément de l'Interdit *Quorum bonorum*, ne doit-on pas reconnaître que la seule désignation qui lui convînt était celle d'*hereditatis petitio utilis* ou *ficticia?* Après Dioclétien pourtant, cette qualification n'était plus appropriée au nouvel état des choses. Le moyen d'appeler notre action *ficticia,* quand, avec le système formulaire, toute fiction avait disparu; *utilis*, quand le *bonorum possessor* avait maintenant une vocation propre, qu'il était successeur à aussi bon droit que l'héritier et sans qu'il eût besoin d'emprunter à celui-ci ses actions? Mais, d'un autre côté, la *bonorum possessio* et l'*hereditas* étant deux espèces distinctes de successions, on devait réserver le terme technique d'*her. petitio* à l'action de l'héritier civil, et voilà comme on arriva à désigner habituellement celle du *bonorum possessor* par les mots *vindicatio successionis*, jusqu'à ce que Justinien leur eût substitué l'expression nouvelle d'*her. petitio possessoria.*

86. Un point très-digne de remarque, c'est que toutes les Constitutions[1] qui nous ont paru renfermer la preuve qu'au temps de Dioclétien le *bonorum possessor* obtint une pétition d'hérédité aussi générale que celle

[1] Voy. les textes cités dans les notes 2 p. 145 et 1 p. 146.

de l'*heres*, sont de l'année 294 ou des années suivantes, qu'aucune n'est antérieure. En effet, à l'exception de la Const. 2, *Unde legit.*, 6, 15, et de la C. 8, *De legit. her.*, 6, 58, dont la date ne peut être précisée, mais qu'il y a tout lieu de croire la même que celle des autres textes cités (c'est-à-dire postérieure à 294), toutes portent *C. C. consulibus.* Or les Césars Constance Chlore et Galère (Constantinus et Maximianus), que Dioclétien s'était adjoints en 292, furent, d'après les *fasti consulares*, pour la première fois consuls l'an 294 et le furent plusieurs fois depuis (années 300, 302[1]). Mais 294 est l'année qui vit disparaître complétement l'*ordo judiciorum* (C. 2, *De pedaneis judicibus*, 3, 3), et alors l'idée ne s'impose-t-elle pas d'elle-même que le développement de l'*hered. petitio possessoria* est intimement lié avec l'abolition du système formulaire? — Cette déduction s'accorde avec l'opinion que nous avons soutenue plus haut et suivant laquelle la nature intime de la *bonorum possessio* a changé quand a été supprimé l'*ordo judiciorum.* Aucun texte, en effet, ne parlerait de la *vindicatio successionis* du *bonorum possessor*, aucun ne représenterait ce dernier comme intentant les mêmes actions que l'*heres*, je n'en affirmerais pas avec une moindre confiance que, la disparition de l'*ordo judiciorum* ayant fait subir à la *bonorum possessio* la profonde transformation que je viens de rappeler, tout successeur, qu'il se fondât sur l'Édit ou invoquât le droit civil, devait avoir l'*hereditatis petitio.* — La raison est facile à saisir. — Le droit du *bonorum possessor* étant devenu équivalent à celui de l'héritier

[1] La C. 9, *De her. pet.*, 3, 31, est précisément sous la date de l'an 300 ap. J. C.

ex jure civili, l'*actio in rem universalis*, l'Interdit *Quorum bonorum*, qu'il avait eu jusqu'à ce jour, ne pouvait plus subsister avec son ancien caractère. D'une part, il était impossible que le successeur prétorien triomphât, comme précédemment, d'un héritier plus proche qui avait négligé de faire l'*agnitio*, ou même des tiers qui lui opposaient l'existence d'un pareil héritier; car il n'avait nul droit à la succession, il n'était pas plus *bonorum possessor* qu'*heres*, si sa vocation ne se trouvait pas la première. D'un autre côté, une fois que son titre avait été reconnu, comment admettre encore que quelqu'un élevât des prétentions à l'hérédité, que l'*hereditatis petitio* fût dirigée contre le *bonorum possessor?* — Mais à la place de l'ancien Interdit, qui ne pouvait plus servir au successeur prétorien à faire valoir ses droits, il lui fallait en tout cas une action universelle pétitoire, au moyen de laquelle il pût revendiquer l'ensemble de la succession. Et qu'on veuille bien le noter, on ne pouvait songer à transformer l'Interdit *Quorum bonorum*, à le rendre pétitoire! La suppression du système formulaire venait de faire table rase, et de la procédure spéciale des Interdits, et des actions *ficticiæ;* en même temps elle avait rendu impossibles les anciens errements, suivant lesquels le préteur déférait la *bonorum possessio* après une enquête sommaire, et dispensait ainsi le *bonorum possessor* de fournir aucune preuve devant le juge. Mais surtout, nous savons que depuis le sénatus-consulte *Juventianum* l'Interdit *Quorum bonorum* était devenu insuffisant; il aurait donc fallu élargir son cercle d'action, lui attribuer des effets qui avaient été inconnus jusque-là, à moins qu'on n'eût conservé côte à côte l'Interdit *Quorum bonorum* (devenu pétitoire), les actions spéciales et une *hereditatis petitio possessoria* destinée à compléter l'Interdit : système qui ne se justifiait plus par les mêmes raisons d'utilité qu'à l'époque classique, et aurait même été tout à fait inexplicable, maintenant que le *bonorum possessor* était un véritable héritier. Que serait-il donc resté de l'ancien Interdit? Les conditions, le mode de procéder, l'étendue, les effets, tout aurait été changé! Et ainsi, au lieu de transformer une action existante, c'est à la création d'une action nouvelle qu'on eût abouti! Mais cette action n'aurait différé de l'*hereditatis petitio* qu'en ce seul point que les *debitores hereditarii* se seraient trouvés hors de sa portée! Était-ce bien la peine, pour une différence dont le principal intérêt est purement théorique, de faire une pareille innovation? On aurait pu le penser tout au plus si l'*her. petitio possessoria* n'avait point été introduite avant Diocélétien; mais quand le *bonorum possessor* avait depuis longtemps une pétition d'hérédité, restreinte seulement à des cas spéciaux, la voie la plus simple et la plus logique n'était-elle pas d'étendre cette action, de la généraliser? N'était-ce pas faire preuve de conséquence que d'accorder au successeur prétorien les mêmes moyens de droit qui compétaient à l'*heres*, puisque la vocation de l'un et de l'autre était à mettre dorénavant sur la même ligne?

87. La preuve directe de ce que nous venons d'établir résulte en partie du § 3, Inst., *De interdictis*, 4, 15. Ce texte a été pris, mot pour mot, du § 144, Comm. IV, de Gaius; un seul changement important fut fait par Justinien au passage qu'il copiait. Gaius avait écrit : « Pro herede autem possidere videtur *tam is qui heres*

est, quam is qui putat se heredem esse; » les Institutes portent: « Pro herede autem possidere videtur, qui putat se heredem esse. » Cette omission évidemment volontaire des mots *tam is qui heres est*, est pour nous d'une grande signification : elle montre qu'une personne ne pouvait plus être *bonorum possessor* s'il y avait un héritier civil plus proche, et confirme ainsi, ce que nous disions plus haut, que le successeur prétorien avait besoin d'actions pétitoires, son droit n'étant plus temporaire, mais définitif. En second lieu, le § 3 est exclusif de l'idée que l'Interdit *Quorum bonorum* se serait transformé en une *actio in rem universalis* pétitoire; car il le représente comme un interdit *adipiscendæ possessionis*. La conclusion à laquelle les Institutes nous mènent ainsi est la suivante : le *bonorum possessor* a obtenu à un moment donné une action pétitoire; cette action ne peut avoir été que l'*hereditatis petitio possessoria*, car l'Interdit a toujours eu pour unique effet de mettre le successeur en possession des biens héréditaires.

Je crois donc fermement que, lors de l'abolition de l'*ordo judiciorum*, le successeur prétorien, dont la vocation était devenue analogue à celle de l'héritier, fut pourvu d'une pétition d'hérédité, et que cela eut lieu par la généralisation de celle qui lui avait appartenu *utiliter* dès l'époque classique. — A peine est-il besoin d'ajouter que si le système formulaire entraîna les *actiones ficticiæ* dans sa chute, le *bonorum possessor* n'en put pas moins, après Dioclétien, exercer les mêmes actions spéciales que l'héritier, les actions *in rem* surtout, car on avait maintenu le principe que les droits réels ne peuvent être poursuivis par la pétition d'hérédité (C. 7,

De her. pet., 3, 31; cf. C. 4, *In quibus causis cessat longi temp. præscr.*, 7, 34).

§ 2. *Quel a été le sort de l'interdit* QUORUM BONORUM *après Dioclétien?*

88. Nous venons de voir qu'il était impossible, depuis l'an 294, que l'Interdit *Quorum bonorum* conservât la nature et les effets qui précédemment avaient été les siens; mais nous avons vu aussi qu'il ne s'est pas changé en une sorte de pétition d'hérédité, en une *actio in rem universalis* pétitoire. Il semblerait, d'après cela, que cette action dut entièrement disparaître avec l'*ordo judiciorum*, et pourtant nous la retrouvons en pleine vigueur sous Justinien! Non-seulement il en est fait mention dans les Institutes, mais un titre du Digeste et un du Code lui sont consacrés; et nulle part on ne nous la présente comme tombée en désuétude. — Cela ne peut évidemment s'expliquer que par une transformation de l'Interdit, qui lui aura imprimé un caractère nouveau, mais distinct de celui de l'*hereditatis petitio*. Quel fut ce caractère? C'est là une des questions les plus délicates peut-être de notre matière, et je crois qu'on ne peut la bien résoudre qu'après avoir jeté un coup d'œil rétrospectif sur l'époque classique.

89. Une opinion, universellement suivie, enseigne que le préteur déférait la *bonorum possessio* sans s'enquérir si celui qui la demandait y avait droit, mais que le *bonorum possessor* devait prouver, au moment de l'exercice de l'Interdit *Quorum bonorum*, qu'il était appelé par l'Édit. Quel que soit mon respect pour cette opinion, qui a réuni jusqu'à ce jour la presque unanimité des

suffrages, je ne saurais m'y rallier. — Pourquoi le préteur n'aurait-il pas examiné chaque fois, rapidement sans doute, si celui qui voulait faire l'*agnitio* se trouvait dans les termes de l'Édit, s'il satisfaisait aux conditions requises? Ne fallait-il pas écarter toutes lenteurs, éviter, si faire se pouvait, toute discussion, nécessairement longue, devant le juge, et pour cela y avait-il un autre moyen que de rechercher immédiatement si celui qui se présentait était en droit d'élever des prétentions sérieuses à la *bonorum possessio?* Ceci une fois reconnu, l'Interdit *Quorum bonorum* lui était délivré, et, sans preuve nouvelle, lui faisait obtenir la possession de l'hérédité, à moins qu'un autre n'établît l'inanité de son titre.

Objectera-t-on qu'en faisant dépendre toute *agnitio* d'une décision du préteur rendue en connaissance de cause, nous supprimons la distinction de la *bonorum possessio* en *decretalis* et *edictalis*, distinction qui repose précisément sur ce que la *bonorum possessio decretalis* est précédée d'une *causæ cognitio* et octroyée par un *decretum*, tandis que le rôle du préteur dans la *bonorum possessio edictalis* est purement passif[1], ce qui a fait dire aux glossateurs que la première est une *bonorum possessio prætoris vivi*, celle-ci une *bonorum possessio prætoris mortui?* J'aurais une réponse toute prête. — Certes, chaque décision prise *pro tribunali* par le préteur est, à la rigueur, un décret; mais pourquoi n'aurait-on pas

[1] On citerait: L. 4, § 3; L. 5; L. 14, § 1, *De bon. poss. contra tab.*, 37, 4; L. 6, *De legatis præst.*, 37, 5; L. 4, *De conjungendis cum em. lib.*, 37, 8; L. 1, § 1, *Ad sen. cons. Tertull.*, 38, 17. Cbn., L. 1, § 14; L. 7, § 1, *De ventre in poss. mitt.*, 37, 9; L. 3, §§ 4, 5; L. 10, *De Carbon. edicto*, 37, 10.

réservé l'expression de *decretum* pour l'opposer à celle d'*edictum?* La *bonorum possessio decretalis*, n'est-ce pas celle qui est accordée en dehors des termes de l'Édit, que le préteur crée au moment même où il la défère[1]? Et alors, n'est-il pas naturel de penser qu'en l'appelant *decretalis* on a voulu marquer uniquement qu'elle a sa source dans le décret du magistat, de même que la *bonorum possessio edictalis* a la sienne dans l'Édit? La différence de ces deux espèces de *bonorum possessiones* ne consiste donc pas dans la manière dont la *delatio* est faite, mais dans l'origine même du droit du *bonorum possessor*. Il est également inexact de prétendre que la *bonorum possesssio decretalis* seule peut donner lieu à une *causæ cognitio* préalable. Nous avons deux textes d'où le contraire résulte bien clairement : la Loi 3, § 8, *De bonorum poss.*, 37, 1, et la Loi 2, § 1, *Quis ordo*, 38, 15. — La première de ces lois porte : «Si, causa cognita, bonorum possessio detur, non alibi «dabitur quam pro tribunali : quia, *neque decretum de «plano interponi, neque, causa cognita, bonorum possessio* «alibi quam pro tribunali dari potest.» — Le sens est

[1] L. 1, § 7, *De succ. edicto*, 38, 9. On range, il est vrai, parmi les *bon. poss. decretales* des cas où l'on ne peut pas dire que le préteur comble des lacunes de l'Édit (*Bon. possessio ex Carboniano edicto*. L. 5, *De bon. poss. contr. tab.*, 37, 4; L. 1, § 1, *Ad sen. cons. Tertull.*, 38, 17; L. 84, *De acq. vel om. her.*, 29, 2. C. 7, § 3, *De curat. fur.*, 5, 70; L. 1, *De bon. poss. furiosi*, 37, 3). Cela serait exact, que notre raisonnement n'en souffrirait aucune atteinte. Dans toutes ces hypothèses, en effet, le préteur n'est pas lié par l'Édit: s'il accorde la *bon. possessio*, c'est qu'il le veut bien, c'est qu'il fait usage de son *imperium*. De la sorte, le *bon. possessor* puise véritablement sa vocation dans la *datio* qui a lieu à son profit, tandis que, dans les cas ordinaires, cette *datio* n'est que la consécration d'un droit qu'il tire de l'Édit, consécration que le préteur ne peut lui refuser.

celui-ci : la *bonorum poss.* donnée *causa cognita* l'est toujours *pro tribunali;* cela est évident quand elle est *decretalis*, car un décret ne peut être rendu ailleurs, mais cela est certain aussi quand il n'y a pas de *decretum* proprement dit, le seul fait de la *causæ cognitio* exigeant que le magistrat siége *pro tribunali.* — La *causæ cognitio* n'est donc rien de spécial à la *bonorum poss. decretalis:* la *bonorum poss. edictalis,* elle aussi, peut être déférée *causa cognita!* Et voilà ce que nous apprend également la Loi 2, § 1, *Quis ordo,* 38, 15, par ces mots non ambigus : « Quid si ea (bonorum pos- «sessio) quæ causæ cognitionem pro tribunali deside- «rat, *vel* quæ decretum exposcit? » — Quelques auteurs[1] ont cru échapper, il est vrai, à l'argument que nous puisons dans ces textes en énumérant certains cas qui, suivant eux, font exception, et où ils veulent bien reconnaître que la *datio* de la *bonorum poss. edictalis* n'a lieu qu'après une *causæ cognitio.* Ces cas seraient : 1° Celui où un héritier institué *sub conditione* demande la *bonorum possessio secundum tabulas,* avant que la condition se soit réalisée: cette *bonorum possessio*, il l'obtient, dit-on, mais à charge de fournir caution ; or la nécessité d'une caution entraîne celle d'une *causæ cognitio.* — Je ne veux pas rechercher si une caution est effectivement requise au cas dont il s'agit, mais je ferai remarquer pourtant que le texte qu'on invoque pour l'établir, la Loi 8 pr., *De stipul. præt.*, 46, 5, a dû être mal entendu. — *Cogitur substituto cavere in longiorem diem* ne signifie pas que l'héritier doit constituer une caution, mais

[1] Huschke, *Kritische Jahrbücher für deutsche Rechtsw.* V, p. 27 et suiv., 1839. Hingst, *Commentatio de bon. possessione*, p. 173, 186.

qu'il doit prendre l'engagement verbal (*cautio* [1]) de restituer la succession dans le cas où la condition viendrait à défaillir; la meilleure preuve en est que le jurisconsulte le dispense précisément du cautionnement (*satisdatio*), en disant du substitué : « Potest videri calumniose *satispetere*, quem alius antecedit. » — Quoi qu'il en soit et fût-il même avéré que le *bonorum possessor* conditionnel était astreint à donner caution, je ne vois pas, je l'avoue, comment la nécessité d'une *causæ cognitio* en découlerait! — 2° L'hypothèse où l'*agnitio* est faite par un *negotiorum gestor* ou un *procurator*. — En effet, le *negotiorum gestor*, suivant ces auteurs, devant fournir la caution *de rato*, la *bonorum possessio* ne pouvait être déférée que *causa cognita;* c'est le même raisonnement que tout à l'heure. — Quant au *procurator*, la Loi 7 pr., *De bonorum poss.*, 37, 1, et la Loi 15, *eod.*, prouvent, assure-t-on, que le préteur ne lui permettait de faire l'*agnitio* qu'après une *causæ cognitio* préalable. Mais sur quoi donc aurait porté cette *causæ cognitio?* Aux termes de la Loi 7 pr., l'esclave qui demande la *bonorum possessio* doit prouver que celui auquel l'Édit la défère est son maître; et d'après la Loi 15, l'*agnitio* faite par la mère ne peut profiter à la fille impubère que si le préteur a su qu'elle avait lieu au nom

[1] On a évidemment confondu la *cautio nuda*, simple promesse faite par une personne et se rencontrant surtout dans les stipulations prétoriennes, comme celle dont s'agit au texte cité (cf. L. 1, § 2; L. 4; L. 8, § 1; L. 10, *De stipulat. prætor.*, 46, 5), avec la *satisdatio*, cautionnement proprement dit, dans lequel intervient un fidéjusseur. (Cf. L. 6, *Qui satisdare cogantur*, 2, 8; L. 57, *De rei vindic.*, 6, 1), ou *cautio idonea*. (L. 59, § 6, *Mandati vel contra*, 17, 1. Cbn. L. 35, § 2; L. 39, § 3; L. 45, § 2, *De procurator.*, 3. 3; L. 2, § 6, *De judiciis*, 5, 1.)

de cette dernière. Tout cela exige-t-il une longue enquête, une décision solennelle? Je ne veux pas parler de la connaissance personnelle que le préteur peut avoir de la situation des parties; mais est-il rien de plus simple pour le *procurator* que d'établir qu'il est l'es-clave de l'ayant-droit, pour la mère que de déclarer qu'elle réclame la *bonorum possessio*, non dans son intérêt, mais dans celui de sa fille impubère? Pourquoi donc cette preuve ne pourrait-elle pas être rapportée, cette déclaration ne pourrait-elle être faite ailleurs que *pro tribunali?* Pourquoi la *bonorum possessio* cesserait-elle d'être donnée *de plano?* — Je crois inutile d'insister davantage, car s'il était même vrai, comme on le prétend, que la Loi 7 pr. a eu une véritable *causæ cognitio* en vue (de la Loi 15, en tout cas, il ne doit plus être question, puisqu'elle ne suppose nullement une preuve à fournir devant le préteur), l'argumentation que nous combattons n'y gagnerait pas beaucoup. On aurait enfin trouvé une hypothèse, une seule, où la *bonorum possessio* est donnée *causa cognita!* Le beau succès! Et l'on pense expliquer par là les Lois 3, § 8, *De bonorum poss.*, et 2, § 1, *Quis ordo!* — Comment n'a-t-on pas vu que la Loi 7 pr., si on la rapporte à une *bonorum possessio causa cognita*, est la condamnation la plus éclatante du système qu'elle doit étayer? — Quand le préteur octroie la *bonorum possessio pro tribunali*, il rend une véritable sentence après un sérieux examen de la cause : le *bonorum possessor* peut intenter alors l'Interdit *Quorum bonorum*, sans avoir autre chose à faire qu'à se prévaloir de la *datio* qu'il a obtenue : la *bonorum possessio decretalis* en est une preuve. Si donc la Loi 7 pr. avait le sens qu'on lui attribue, l'examen du préteur ne porterait pas seulement sur la qualité du *procurator*, mais aussi sur les droits de son maître, et alors on aboutirait à ce résultat, vraiment extraordinaire, que l'hypothèse prévue par cette loi, tout en étant un cas pour ainsi dire unique, nous serait présentée comme n'offrant rien d'exceptionnel. Une *causæ cognitio* se rencontrerait ici, quand nulle part ailleurs il n'en paraîtrait de trace, et c'est à peine si on nous y rendait attentif! l'Interdit *Quorum bonorum* ne devrait exiger que la preuve de la *datio,* au lieu que tout autre *bonorum poss. edictalis* serait obligé de justifier complétement devant le juge de la légitimité de ses prétentions, et rien encore qui nous ferait connaître cet effet si remarquable! — Cela ne peut être : qu'on reconnaisse avec nous que la loi citée ne prévoit pas une véritable *causæ cognitio*, ou que l'on se résigne à admettre qu'une pareille *cognitio* était d'un fréquent usage et qu'il suffisait au *bonorum possessor*, exerçant l'Interdit, de se référer à la *delatio* qui avait eu lieu à son profit : je ne crois pas qu'il y ait de milieu.

90. L'argument que nous avons tiré des Lois 3, § 8, *De bonorum possessione*, et 2, § 1, *Quis ordo*, reste donc entier : tous les cas que l'on a cités comme devant donner *exceptionnellement* naissance à une *causæ cognitio* n'ont pas ce caractère, et nous en pouvons conclure que ce sont les circonstances seules qui décident si la *bonorum possessio edictalis* doit être déférée *causa cognita* ou *de plano.* — Il faut s'entendre seulement sur la signification des mots *bonorum possessio de plano*: indiquent-ils que l'*agnitio* n'est qu'une pure formalité, que le préteur n'intervient que pour signer la requête (*libellus*) qui lui est présentée et ne refuse jamais cette signature; ou, au contraire, faut-il dire

qu'ils n'excluent pas tout examen de la part du magistrat, que celui-ci sans doute ne fait pas une véritable enquête *pro tribunali*, mais que du moins, avant de déférer la *bonorum possessio*, il s'assure que l'impétrant y paraît appelé et, à cet effet, exige de lui certaines preuves, pouvant être rapidement fournies, enfin qu'il dénie toujours la *delatio* quand il connaît le peu de fondement du titre de celui qui la réclame? — Ce qui me décide à les interpréter dans ce dernier sens, c'est que sans cela l'Interdit *Quorum bonorum* aurait présenté un caractère de tout point différent, suivant que la *bonorum possessio* eût été donnée *causa cognita* ou *de plano*, et que d'une pareille différence il n'est fait nulle mention. Nous avons cru voir, d'ailleurs, dans la Loi 7 pr., *De bonorum possession.*, un cas où, tout en accordant la *bonorum possessio de plano*, le préteur veut être fixé d'abord sur la qualité de celui auquel il l'accorde.

91. Si l'*agnitio* n'avait exigé jamais aucune preuve, la *bonorum possessio* aurait été dès le principe une véritable succession: or cela n'est-il pas contraire à tout ce que nous savons, et de son origine, et de ses effets, et, en général, de la manière de procéder du préteur? Ne nous apparaît-elle pas sans cesse comme une mise en possession provisoire qui, plus tard seulement, s'est transformée en une sorte d'hérédité? — D'autre part, l'*agnitio* n'aurait-elle pas été alors tout à fait analogue à l'adition de l'*hereditas*? Eh bien! qu'on concilie cela avec les expressions *dare, dari posse, denegare, denegari debere bonorum possessionem*, dont se servent fréquemment les textes [1], et qui prouvent bien,

[1] *Dari posse, dare* (L. 3, § 5; L. 3, § 8; L. 7, pr.; L. 15, *De bon. poss.*, 37, 1; L. 16, *De bon. poss. contra tabulas*, 37, 4; L. 7,

ce me semble, une intervention active du préteur! — Voici enfin un argument qui me paraît décisif. — Si la justification du droit du *bonorum possessor* se faisait devant le juge, elle ne pouvait en aucun cas être sommaire: c'est une preuve complète qui devait être fournie par le successeur prétorien lors de l'exercice de l'Interdit *Quorum bonorum*, tout comme par l'héritier civil intentant la pétition d'hérédité; et, à ce point de vue, Savigny a on ne peut plus raison de prétendre que de simples présomptions n'étaient pas suffisantes[1]. Mais le même auteur n'a t-il pas montré aussi que la procédure des Interdits en général, et spécialement de l'Interdit *Quorum bonorum*, n'était pas plus rapide que celle des actions[2], et alors que devient cette *celeritas* que les textes nous indiquent comme ayant été le but de l'introduction de notre Interdit[3]? comme ayant été en tout cas un de ses signes distinctifs? Gaius aussi ne nous parle-t-il pas un langage désormais inintelligible, en nous apprenant que le seul avantage que les héritiers du droit civil trouvent dans l'*agnitio* de la *bonorum possessio*, c'est de pouvoir se servir de l'Interdit *Quorum bonorum*[4]? Non-seulement on ne voit plus l'utilité que ce dernier peut leur offrir, mais il faut même reconnaître qu'ils auraient agi contrairement à leurs intérêts en l'exerçant! Quoi! les héritiers civils se seraient engagés

§ 6, *De Carbon. edicto*, 37, 10; L. 7, *De bon. poss. sec. tab.*, 37, 11 etc. *Denegari debere* (L. 3, § 15; L. 3, § 16, *De bon. poss. contra tab*, 37, 4; cf. L. 10, *De Carbon. edicto*, 37, 11; *Adde:* L. 5, *Si quis a parente manum.*, 37, 12).

[1] Savigny, *Vermischte Schriften*, II. p. 275 et suiv.

[2] Savigny, *op. cit.*, p. 256 et suiv.

[3] C. 22, Th., *Quorum appell.*, 11, 36.

[4] Gaius, III, § 34.

dans un procès où l'on aurait exigé la même rigueur dans les preuves, où la marche de la procédure aurait été aussi lente que dans l'instance soulevée par l'*hereditas petitio,* et tout cela pour obtenir des résultats moindres et purement provisoires! moindres, l'Interdit, comme nous l'avons vu, produisant à certains égards des effets plus restreints que la pétition d'hérédité; provisoires, car, à moins que l'on n'admette l'existence au profit de ces héritiers de l'*exceptio rei judicatæ* (ce qui ne serait assurément pas à l'abri de toute contestation), tout aurait été à recommencer si un tiers s'était prétendu appelé par le droit civil à l'hérédité!

92. Admettez, au contraire, que le préteur ne faisait la *delatio* qu'à celui qui lui paraissait nanti d'un titre sérieux, et voyez comme le tableau va changer de face. La *bonorum possessio* se montre ce qu'elle devait être réellement, une mise en possession provisoire, faite *prætoris auctoritate;* l'Interdit devient un moyen avantageux et prompt de prendre à la tête de la succession la place laissée vacante par le défunt. Tout ce que le *bonorum possessor* a à prouver, c'est que l'*agnitio* a véritablement été faite par lui. Sans doute, son titre n'était pas reconnu d'une manière définitive; le préteur avait seulement examiné si, à première vue, il réunissait les diverses qualités requises, et dès lors il n'était pas dit que l'une de ces qualités ne pût être entachée de vice, ou que certaines circonstances ne pussent faire tomber la vocation; aussi bien que la *bonorum possessio* était rendue *non data*, quand le préteur apprenait postérieurement qu'il l'avait déférée à qui n'y était point appelé, aussi bien le défendeur à l'Interdit pouvait contester au *bonorum possessor* son

droit à la succession. Mais ce qu'il faut bien remarquer, c'est que le *bonorum possessor* prend toujours le rôle qui lui convient, le rôle de possesseur : la *datio* le dispense de prouver le fondement de son titre, ou plutôt elle est ce fondement : à celui qui invoque ensuite une nullité, à l'établir !

Dira-t-on que le préteur aurait ainsi oublié son rôle, qu'il serait descendu de sa chaise curule pour s'asseoir sur le *subsellium* du juge, qu'en d'autres termes il n'avait pas mission de vérifier le bien fondé de la demande qu'on lui adressait, aux fins d'obtenir la *delatio ?* — Pour répondre, il suffit de rappeler que le préteur ne procède pas autrement dans les *missiones in possessionem*[1], dont l'affinité avec la *bonorum possessio* est si grande : pourquoi aussi l'*agnitio* n'aurait-elle pas pu donner lieu à une *causæ cognitio* aussi bien que l'*apertura tabularum ?* (L. 2, § 4. L. 8, *Testamenta quemadm. aper.*, 29, 3) ; enfin ne sait-on pas que les cognitions extraordinaires reçurent successivement une telle importance qu'elles se substituèrent à l'*ordo judiciorum*, et les textes ne fourmillent-ils pas où, une succession étant ouverte, il est fait mention du *cognoscere* ou du *summatim cognoscere* du préteur[2] ? — Du reste, je ne

[1] L. 5, § 5, *Ut in possess. legat. serv. causa*, 36, 4 ; L. 1, § 1 ; L. 1, § 14 ; L. 7, § 1, *De ventre in possess. mitt.*, 37, 9 ; L. 1, pr. ; L. 3, § 4, *De Carb. edicto.*, 37, 10 ; L. 5, § 1, *Quibus ex causis in poss. eatur*, 42, 5.

[2] L. 9, § 6, *De interrog. in jure*, 11, 1 ; L. 3, § 9, *Ad exhibendum*, 10, 4 ; L. 5, § 8, *De agnosc. liber.*, 25, 3 ; L. 23, § 4, *De heredibus instituend*, 28, 5 ; L. 6, § 3, *Si quis omissa causa testam.*, 29, 4 ; L. 6 ; L. 8, pr., *De optione vel elect. leg.*, 33, 5 ; L. 65, § 2, *Ad sen. cons. Trebell.*, 36, 1 ; L. 1, § 14, *De separat.*, 42, 6 ; L. 1, § 9, *De stipul. præt.*, 46, 5. Cf. L. 3, *De in integr. restit.*, 4, 1 ; C. 2, *De bonis auct. jud. possid.*, 7, 72.

voudrais pas prétendre que le magistrat tranchait toujours la difficulté; je crois au contraire qu'il devait renvoyer au juge l'examen des questions qui lui semblaient trop longues à résoudre. (Cf. L. 5, § 1, *De his quæ ut indignis*, 34, 9; cf. L. 3, § 13, *Ad exhibendum*, 10, 4.)

Il ne faudrait non plus nous objecter que dans une cité comme Rome le préteur ignorait fatalement la composition des familles, la qualité de ceux qui se présentaient devant lui, et mille faits, mille détails qu'il était indispensable de connaître pour ne pas se prononcer en aveugle dans une matière aussi délicate que celle d'une succession à régler. — Quand la *bonorum possessio* était déférée *causa cognita*, (ces cas se déterminaient-ils suivant des règles certaines, ou la nécessité d'une *causæ cognitio*, en cas de silence de l'Edit[1], étaitelle livrée à l'appréciation du magistrat? La Loi 2, § 1, *Quis ordo* 38, 5, se prête à l'une et à l'autre solution.), le préteur n'avait-il pas à sa disposition les mêmes moyens d'investigation qui auraient appartenu au juge? Et s'il n'y avait pas de *causæ cognitio* proprement dite, ce n'était encore pas à sa connaissance personnelle des familles que le magistrat s'en rapportait : il exigeait la production de certaines preuves qui pouvaient être facilement et rapidement fournies, et il en induisait le degré de vraisemblance qui militait en faveur du postulant. C'est ainsi que l'apposition de sept *signa* sur un

[1] En tout cas, l'Édit s'en expliquait parfois. C'est ainsi que le préteur ne peut refuser la *bon. possessio* au posthume sous prétexte que l'Édit *de inspiciendo ventre custodiendoque partu* n'a pas été observé, qu'après avoir procédé à une *causæ cognitio* préalable (L. 1, § 10, *in fine*; L. 1, § 15, *De inspic. ventre*, 25, 4).

testament lui faisait présumer l'accomplissement de la *mancipatio* et par là la validité de l'acte; présomption qui pouvait plus tard être détruite devant le juge, mais n'en avait pas moins procuré dans l'intervalle la *bonorum possessio* à celui qui s'en était prévalu.

93. Je ne veux plus qu'indiquer quelques textes sur lesquels on peut fonder encore l'opinion que je viens de développer, et en écarter quelques autres qu'on pourrait nous opposer. On ne contestera pas que la Loi 7, *De bonorum poss.*, 37, 1, ne soit favorable à notre manière de voir; mais que dire de la Loi 15, *eod.?* Si l'*agnitio* n'était qu'une formalité, pourquoi est-il question de l'intention qu'a eue le préteur d'accorder la *bonorum possessio* à telle personne déterminée? n'était-ce pas devant le juge seul que les droits du *bonorum possessor* auraient été discutés et reconnus, et par suite, la fille établissant à ce moment sa vocation, l'*agnitio* n'aurait-elle pas été présumée faite, en son nom, par sa mère? On ne comprendrait donc pas, je le répète, la disposition finale de la Loi 15. Du reste, les expressions mêmes de ce texte sont dignes de remarque: « petitionem matris solam non adquisisse filiæ impuberi bonorum possessionem, » y lisons-nous : *petitionem solam!* donc, la *datio* assure la *bonorum possessio* à celui qui l'obtient! il suffit qu'il s'y réfère pour triompher devant le juge; et si la fille impubère a quelque chose à prouver ici, c'est uniquement que le préteur a entendu lui déférer à elle et non à sa mère la *bonorum possessio* dont elle se prévaut. — Voici maintenant la Loi 9, § 1, *Unde cognati*, 38, 8, qui met en pleine lumière les deux ordres de preuves, successives et distinctes, auxquelles le successeur prétorien est tenu :

devant le magistrat, le neveu, institué pour partie, qui, au lieu de la *bonorum possessio secundum tabulas*, veut obtenir la *bonorum possessio unde cognati* plus avantageuse pour lui, est obligé d'établir la surdité du testateur; devant le juge, il doit justifier que son *agnitio* n'a pas été tardive, qu'elle a été faite dans un délai déterminé dont le point de départ est l'ouverture de la succession. — Aux textes que nous venons de citer, il faut joindre un passage de Valère Maxime, où l'on voit clairement que le préteur appréciait s'il y avait lieu ou non d'obtempérer à la demande de celui qui se présentait devant lui pour faire l'*agnitio* de la *bonorum possessio*. (*Valère Maxime*, liv. VII, chap. 7, § 7.)

Passons aux textes qui semblent contraires à notre doctrine. En première ligne il faut placer la C. 1, *Quorum bonorum*, 8, 2. Aux termes de cette loi, le *bonorum possessor* devant prouver *in judicio* qu'il est fils du défunt et qu'en cette qualité il a droit à la succession, on pouvait dire, et l'on a dit en effet[1], que l'idée d'un examen préalable de la part du préteur se trouve ainsi exclue. Mais avons-nous jamais prétendu qu'un pareil examen dispense le *bonorum possessor* de toute preuve devant le juge? Cela arrivera quand le détenteur d'un bien héréditaire, attaqué par l'Interdit, ne contestera point; mais s'il se refuse à reconnaître le droit du *bonorum possessor*, le seul effet de l'examen sommaire auquel s'est livré le préteur sera que le demandeur pourra attendre les preuves de son adversaire; mais

[1] Vangerow, *Lehrbuch des Pandekten*, 7e édit., 1867, § 509, p. 363. Machelard. *Théorie des Interdits*, p. 67. Savigny, *Vermischte Schriften*, II, p. 309. — Hingst, *Commentatio de bon. possessione*, p. 177-178.

une fois que celles-ci seront fournies, il est bien évident que le *bonorum possessor* aura à établir sa vocation d'une manière définitive. Voilà ce que Sévère et Antonin décident. Consultés par un *bonorum possessor contra tabulas* sur le point de savoir s'il pouvait se retrancher derrière la *datio* qui lui avait été faite, s'il lui suffisait de l'invoquer pour triompher par l'Interdit de ceux mêmes qui soulevaient des objections contre sa vocation, les empereurs répondent que la possession de l'hérédité ne peut être obtenue par lui s'il ne justifie complétement (ce qui n'avait été fait que d'une façon sommaire devant le préteur) que son droit est à l'abri des attaques qu'on veut diriger contre lui, qu'il est véritablement le fils et l'héritier du défunt. La C. 1 se concilie donc, on ne peut mieux, avec notre système; se concilie-t-elle même aussi bien avec le système contraire? Si la *bonorum possessio* n'avait pas été déférée en connaissance de cause par le magistrat, la question adressée aux empereurs n'eût-elle pas été dérisoire? On leur aurait demandé si, après s'être présenté devant le préteur et avoir fait la simple déclaration qu'on est le *filius prœteritus* du défunt, on devait l'emporter, sans coup férir, sur tous les possesseurs de biens héréditaires! Je doute fort qu'une telle demande aurait eu l'honneur d'un rescrit.

Suivant Hingst[1], il doit résulter des Lois 1, § 4, *De juris et facti ignor.*, 22, 6; L. 10, *De bon. poss.*, 37, 1; L. 1, § 2, *De bon. poss. sec. tab.*, 37, 11, que la *bonorum possessio* pouvait toujours être obtenue, sans que l'*apertura tabularum* fût nécessaire. Or, comment le *scriptus*

[1] Hingst, *op. cit.*, p. 179.

aurait-il établi sa vocation, quand le testament n'était pas ouvert? Nous avons expliqué plus haut la Loi 1, § 2, *De bon. poss. sec. tab.*, 37, 11 (voy. *supra*, n° 22, note 1, p. 38), et ce que nous en avons dit peut s'appliquer aux deux autres textes cités. Oui, l'*agnitio* était possible même avant l'*apertura tabularum*, mais dans les cas seulement où la production du testament ne pouvait avoir lieu, à raison de circonstances spéciales. Un pareil obstacle n'existait-il pas, le préteur n'accordait la *bonorum possessio* qu'après s'être assuré par l'ouverture des *tabulæ* que l'impétrant y était institué. Ne savons-nous pas par Cicéron que l'Édit portait de toute ancienneté: *Si tabulæ testamenti obsignatæ non minus multis signis, quam e lege oportet, ad me proferentur*[1] ? La *prolatio* était donc une condition de l'*agnitio*, et qui dit *prolatio* dit certainement *apertura*. — Ensuite, sur quoi se fonde la Loi 10, *De bon. poss.*, 37, 1? Sur la connaissance qu'avait l'institué de la mort du testateur, et de sa propre qualité de plus proche héritier *ab intestat!* Ainsi c'est parce qu'il aurait pu faire l'*agnitio*, comme *proximus cognatus*, que le délai court dès avant l'*apertura tabularum*; donc, s'il n'avait été que *scriptus* sans être héritier du sang, sa *petitio* n'aurait pu précéder l'ouverture du testament. Remarquons maintenant que dans les hypothèses où, par exception, le préteur défère la *bonorum possessio* avant d'avoir pris connaissance du testament, rien, absolument rien, ne s'oppose à ce qu'une autre preuve puisse tenir lieu de celle qui serait résultée de l'*apertura*. Il faut bien l'admettre; sans cela, comment la

[1] Cicéron, *Seconde action contre Verrès*, I, *De prætura urbana*, n° 45.

delatio de la *bonorum possessio secundum tabulas* aurait-elle pu être faite après la perte totale du testament? (L. 1, § 3, *De bon. poss. sec. tab.*, 37, 11.) N'était-il pas nécessaire, en pareil cas, de prouver par d'autres moyens que l'*apertura tabularum* (que ce fût devant le préteur ou devant le juge) qu'on avait été institué héritier par le testateur?

On s'est prévalu ensuite des Lois 14, *De bon. poss.*, 37, 1; L. 9, § 1, *Unde cognati*, 38, 8; C. 1, *De bon. poss. sec. tab.*, 6, 11. D'après ces textes, a-t-on prétendu, le *bonorum possessor*, dès qu'il est convaincu de sa vocation et encore bien qu'elle ne puisse être établie qu'après de longs débats, est tenu de faire l'*agnitio*; comment le pourrait-il s'il devait justifier sur-le-champ devant le préteur de ses droits à la succession? Mais les Lois 14, *De bon. poss.*, 9, § 1, *Unde cognati*, disent-elles donc que la *bonorum possessio* est *accordée* à toute personne qui s'y croit appelée? Est-il question d'autre chose que de la *demande* dans la Loi 14, et n'avons-nous pas invoqué nous-même la Loi 9, § 1, à l'appui de notre opinion? Les énonciations de ces lois n'ont rien qui puisse nous embarrasser. Leur sens, le voici : quand, appelé dans une classe, un *bon. possessor* ignore que ceux qui se présentent dans la classe précédente sont sans droit, le délai ne courra pas immédiatement contre lui; mais s'il a des raisons sérieuses de croire que sa classe doit venir en premier ordre, c'est du jour du decès que se calculera le délai où la *bonorum possessio* doit être demandée par lui. *Demandée !* quant à donnée, elle ne le sera que le jour où il sera reconnu qu'il n'existe aucun successeur préférable. C'est ce qui est décidé de la manière la plus formelle par cette Constitution 1, *De bon. poss. sec. tab.*, 6, 11, que nos adversaires ont eu grand tort de produire. Elle porte, en effet, que si un testament est argué de faux, l'héritier *ab intestat* ne peut pas obtenir la *datio* de la *bonorum possessio*, tant que la nullité du testament n'a pas été définitivement jugée. Mais pourquoi donc, si cette *datio*, comme on le soutient, n'exigeait aucune preuve ? Qu'on n'eût pas imposé à l'héritier le plus proche une *petitio* immédiate, s'il n'avait pas connu le vice dont le testament était entaché (ce qui n'est pas le cas ici, où une première sentence a admis la *falsi accusatio*), nous l'eussions compris: mais lui refuser la *bon.poss.*, s'il la demande, déclarer *proximitatis nomine bonorum possessioni locum non esse*, voilà ce qui ne peut s'expliquer, à moins qu'on admette avec nous que pour pouvoir faire l'*agnitio* il fallait justifier de son droit.

En vain s'est-on fondé encore sur la formule de l'Inderdit: les termes *Quorum bonorum ex edicto meo illi possessio data est*, seraient-ils équivalents à ceux-ci: « *Si eorum bonorum...*,» qu'ils ne prouveraient rien, si ce n'est l'obligation pour celui qui intente l'Interdit d'établir que la *bonorum possessio* lui a été donnée par le préteur, et, quand on lui conteste son titre, que cette *datio* est conforme à l'Édit.

C'est également à tort qu'on a invoqué le témoignage de Théophile, suivant lequel il aurait suffi de paraître devant le magistrat et de lui dire : *Da mihi illam bonorum possessionem*, pour que, sans plus ample informé, votre demande vous fût accordée. Le passage auquel on se réfère (Paraphr. ad § 10, Inst. III, *De bon. poss.*, 9) ne touche point à notre question; son unique but est d'indiquer qu'au temps de Justinien l'*agnitio* avait cessé d'être solennelle, comme elle l'était à l'époque classique [1].

94. Il n'est pas difficile de voir la grande utilité que l'Interdit *Quorum bonorum* devait avoir, si le système que je viens de présenter est exact. Quand un héritier civil ou un successeur prétorien se trouvaient appelés dans une classe à laquelle la *bonorum possessio* était déférée, ils n'avaient qu'à prouver une fois pour toutes devant le préteur, et cela d'une manière sommaire, qu'ils avaient droit à la *datio*, et cette preuve fournie, la *datio* faite, ils l'emportaient, grâce à l'Interdit, sur tout possesseur de biens héréditaires, tant qu'on ne démontrait pas que leur titre de *bonorum possessores* était entaché de nullité. Mais il n'était pas même nécessaire d'attendre que les délais des classes antérieures fussent expirés: il suffisait d'établir, *in jure*, qu'il n'y avait personne dans ces classes, ou que ceux qui s'y prétendaient appelés étaient sans droit, pour être admis à justifier de sa vocation et, cela fait, obtenir la mise en possession de l'hérédité. De la sorte, chaque fois qu'il y avait doute sur la dévolution de la succession, que plusieurs y élevaient des prétentions, le rôle de défendeur et la possession de l'hérédité étaient attribués à celui auquel ils convenaient le mieux, à celui en faveur de qui militaient les présomptions les plus fortes. Si rien ne semble plus juste, rien aussi n'était plus nécessaire qu'un pareil réglement du possessoire. Un procès de succession dure généralement pendant un temps assez long : la situation serait donc pleine de dangers si quelqu'un n'était pas constitué, de suite,

[1] *Theophili antecessoris paraphrasis,* édit. G. Otto. Reitz, Hagæ 1751, I, p. 600.

administrateur de l'hérédité, si les biens héréditaires étaient laissés aux mains de ceux qui s'en sont emparés depuis le décès ; d'autre part, l'intérêt des créanciers et des légataires exige qu'ils sachent à qui demander le paiement de ce qui leur est dû. Mais dans le conflit de tous ceux qui prétendent à la succession ou qui possèdent des biens héréditaires, qui donc choisirait-on pour le mettre à la tête de l'hérédité, sinon la personne dont le droit paraît le plus vraisemblable? Il n'en est pas ici comme des procès ordinaires, où le seul fait de la possession constitue une présomption au profit de la personne qui peut l'invoquer et lui procure ainsi le rôle avantageux de défendeur : les possesseurs de choses héréditaires ne doivent cette possession qu'à la célérité plus grande qu'ils ont déployée au moment où le patrimoine, par suite du décès du D. C., se trouvait sans maître ; les y maintenir aurait donc été leur accorder, en quelque sorte, le prix de la course ! N'était-il pas beaucoup plus équitable de donner la préférence à celui qui semblait au préteur l'héritier le plus proche, en lui permettant de se mettre en possession de l'hérédité par un moyen rapide tel que l'Interdit *Quorum bonorum?* Tous les intérêts n'étaient-ils pas ainsi sauvegardés? Quand son titre était reconnu plus tard d'une manière définitive, on se trouvait avoir atteint ce résultat si désirable que la succession avait été, dès le principe, entre les mains de l'héritier qui y était appelé ; si, au contraire, la *bonorum possessio* devenait *non data*, le véritable héritier n'avait non plus à se plaindre : la succession avait eu un administrateur unique au lieu d'être livrée à de nombreux détenteurs, et les cautions que le magistrat ne manquait sans doute pas d'exiger du *bono-*

rum possessor étaient une garantie de la bonté de sa gestion.

95. Est-il possible de croire qu'après Dioclétien on ait laissé tomber des avantages aussi grands que ceux que nous venons de voir attachés à l'Interdit *Quorum bonorum?* Certes, cette action ne pouvait plus avoir son ancien caractère ; elle ne pouvait plus, comme par le passé, faire triompher le droit du *bonorum possessor*, surtout contre l'héritier du droit civil qui avait négligé de demander la *bonorum possessio;* car l'*agnitio* étant faite maintenant sans intervention active du magistrat, l'Interdit aurait demandé une preuve au moment de son exercice, et cette preuve aurait dû être complète et définitive, à raison de la nature nouvelle de la succession prétorienne : le *bonorum possessor*, en d'autres termes, ne l'aurait plus emporté par l'Interdit qu'en établissant que nul n'avait un droit préférable au sien. Mais qu'est-ce qui empêchait de conserver cet Interdit en tant que moyen provisoire, préjudiciel, pouvant servir également, soit à l'héritier, soit au *bonorum possessor*, pour obtenir la possession de l'hérédité pendant le litige qui tient leurs droits en suspens? Ne suffisait-il pas pour cela de remettre au juge les pouvoirs qui précédemment avaient appartenu au préteur, de lui permettre de décider d'après des preuves sommaires[1] qui avait le plus de chances de rester victorieux?

[1] Par *preuvès sommaires*, il ne faudrait pas entendre des *demi-preuves*, ce qu'on a appelé des *probationes semi-plenæ* (Bartole ad C. 1, *Quor. bon.*, § 3. Raphaël Fulgosius, ad Rubr. C., *Quor. bon.*, § 4. Schneidewinus, *ad Inst. De Interdictis*, § 45 etc.). Le juge devait, comme précédemment le préteur, imposer au demandeur la preuve *complète* de certains points importants, et cette preuve fournie, il en induisait le degré de vraisemblance de son droit.

N'était-il pas naturel aussi que le successeur le plus proche ou celui qui paraissait l'être pût, comme anciennement, enlever la possession au *possessor pro herede* par la voie prompte de l'Interdit *Quorum bonorum?* Quand on songe à l'utilité qui en devait résulter pour tous ceux qui avaient quelque chose à prétendre de la succession, on ne peut douter que telle a bien été la nouvelle forme de l'Interdit *Quorum bonorum.* Par ce moyen, *bonorum possessores* ou héritiers se faisaient restituer rapidement les biens héréditaires qui se trouvaient aux mains de tiers détenteurs, de possesseurs *pro possessore*; et quand nul n'avait fait reconnaître encore d'une manière certaine la légitimité de la vocation, celui dont le titre s'appuyait sur les présomptions les plus puissantes était constitué administrateur de l'hérédité; il triomphait par l'Interdit, soit du possesseur *pro possessore*, soit du possesseur *pro herede*, jusqu'à ce qu'on prouvât qu'il n'était pas l'héritier le plus proche.

Si l'on repoussait l'opinion que je viens d'avancer, je crois que l'on se placerait dans une véritable impasse. D'une part, la *bonorum possessio* ayant subi des transformations profondes, l'Interdit ne pouvait plus rester ce qu'il avait été précédemment, et en effet nous avons cité des textes qui montrent qu'il n'aboutissait plus contre l'héritier préférable qui s'était contenté de l'adition du droit civil. Mais si l'Interdit s'était modifié parallèlement à la *bonorum possessio*, s'il avait continué à être le moyen par lequel le *bonorum possessor* faisait valoir ses droits, il serait devenu une action pétitoire, une véritable pétition d'hérédité, la *bonorum possessio* elle-même ne différant plus de l'*hereditas* que par quelques formes extérieures. Or n'avons-nous pas vu que ce résultat n'a pu se produire? Oui, le *bonorum possessor* a eu, après Dioclétien, une action pétitoire, une pétition d'hérédité; mais cette action, cette pétition, ce n'est pas l'Interdit *Quorum bonorum*, c'est l'*hereditatis petitio possessoria!* Dira-t-on que ces deux actions ont pu exister à côté l'une de l'autre? Mais l'Interdit n'aurait-il pas fait double emploi avec l'*her. petitio possessoria*, et un double emploi inexplicable, puisque cette dernière était plus étendue que lui? Et comprendrait-on alors qu'il ait subsisté si longtemps encore après Dioclétien, qu'il se soit maintenu en pleine vigueur jusqu'à Justinien et même plus tard? — Je sais bien ce qu'on va répondre : on prétendra que l'Interdit était plus avantageux à raison de la rapidité plus grande de sa procédure. A quoi se réduit pourtant cet avantage? à la suppression de la *litis denuntiatio* (C. 6; Th., *De denuntiat.*, 2, 4) et de l'*appellatio* (C. 22; Th., *Quorum appell.*, 11, 36[1])! Aussi Savigny, qui regarde l'Interdit comme étant sous un autre nom l'*her. petitio possessoria*, avoue-t-il que si ces deux actions se rencontrent toutes deux dans le Corps de droit, cela ne doit point être attribué à leur utilité respective, mais à l'ignorance où se trouvaient les compilateurs de la véritable nature de l'Interdit ou à leur désir de conserver religieusement au moins le nom des vieilles institutions[2]! — Il y a plus, l'interdiction même de la faculté d'appeler condamne ce système! Est-il croyable

[1] Voy. Savigny, *Vermischte Schriften*, II, p. 256-275. Cf. Bethmann-Hollweg, *Handbuch des Civilprocesses*, Bonn 1834, I, § 37, p. 392 et suiv.

[2] Savigny, *Vermischte Schriften*, II, p. 236-237.

qu'une question aussi importante que celle de la dévolution de l'hérédité dût être jugée toujours en dernier ressort par le premier juge devant lequel on la portait? Cela ne confirme-t-il pas alors notre opinion que l'Interdit n'avait d'autre but et d'autre effet que de procurer la possession au véritable héritier ou à celui qui prétendait à ce titre, sans qu'il eût besoin d'intenter l'*her. petitio*, et dès qu'il établissait à l'encontre du possesseur *pro possessore* ou *pro herede* que sa vocation était la plus vraisemblable?

Une seule remarque encore. Si l'on voulait accorder que l'Interdit ne soulevait qu'une question de possession, mais prétendre que le juge ne pouvait la résoudre d'après la seule vraisemblance, on se heurterait contre la même objection que nous avons opposée à ceux qui attribuent à l'Interdit un caractère pétitoire. Cette action aurait fait double emploi avec l'*hered. petitio possessoria.* — Quand un successeur eût voulu l'intenter, qu'aurait-il été obligé de prouver? — La possession de son auteur, d'abord: oui, mais autre chose encore: il était impossible qu'on lui donnât la préférence sur le possesseur actuel, possesseur *pro herede* ou *pro possessore*, s'il ne justifiait de sa vocation. Or, la simple vraisemblance ne pouvant suffire à cet effet, il fallait une preuve complète, c'est-à-dire la même preuve qu'exigeait l'*hereditatis petitio possessoria!* Mais alors à quoi bon l'Interdit[1]?

[1] Il est évidemment inexact de dire, comme je le lis dans une note, du traducteur de Zimmern (*Traité des actions*, trad. L. Etienne. Paris 1863, p. 213, § 71, note 22, *in fine*), qu'à la différence de l'*her. petitio*, *l'Interdit procurait l'avantage de réclamer une chose sans être obligé de prouver les droits de propriété du défunt.* L'in-

96. Demandons-nous maintenant si le successeur qui veut profiter de l'Interdit est obligé de faire une *agnitio* préalable de la *bonorum possessio.* — Pour l'époque classique, la question ne saurait faire l'objet d'un doute ; mais il s'est trouvé des auteurs pour soutenir qu'après la transformation de la succession prétorienne, la nécessité de l'*agnitio* disparut pour l'héritier civil qui voulait faire usage de l'Interdit[1]. — Anciennement on s'était surtout prévalu en ce sens de la C. 1, *Quorum bonorum*, 8, 2, où on lit : « ...inter-

terdit et la pétition d'hérédité sont donnés tous deux contre les mêmes personnes, contre les possesseurs *pro herede* et *pro possessore* (L. 1, *Quorum bonorum*, 13, 2 ; L. 9, *De hered. pet.*, 5, 3). — Ainsi il est tel cas où, quoique le défunt possédât, l'Interdit ne pouvait pas aboutir, où il fallait intenter une *actio in rem ficticia*, à l'époque classique (C. 4, *In quibus causis cessat longi temp. præscr.*, 7, 34). — D'autre part, l'*hered. petitio*, pas plus que l'Interdit, n'était arrêtée par l'*exceptio dominii*, quand le tiers actionné ne possédait pas du vivant du D. C. Les Const., 3, *Quorum bonorum*, 8, 2, et C. un., Th , *Quorum bonorum*, 4, 21, ne contiennent, en effet, rien de spécial, rien d'exceptionnel ; elles sont tirées des principes les plus élémentaires du droit romain, de principes également applicables à l'*her. petitio* et à l'Interdit. Celui dont la possession ne remonte pas avant l'ouverture de la succession, fût-il même propriétaire, ne peut jamais être que possesseur *pro possessore* : s'étant emparé d'une chose de sa propre autorité, si on lui demande pourquoi il possède, il est obligé de répondre : *quia possideo* (cf. L. 12, *De her. pet.*, 5, 3), car il ne saurait dire : *quia res mea est*, sans violer la règle : *Nemo sibi causam possessionis mutare potest.*

[1] Lœbr, *Uebersicht der Constitutionen von Constantin I bis auf Theodos II und Valentinian III*, Wetzlar 1812, p. 82. — *Magazin für Rechtsw. und Gesetzgeb.*, III, p. 337. — Heimbach, *Rechtslexicon für Juristen, redigirt von Weiske*, II, Leipzig 1841, p. 313. — Mayer, *Die Lehre von dem Erbrecht*, I, Berlin 1840, p. 417. — *Contra* Vangerow, *Lehrbuch der Pandekten*, 7e édit., II, § 509, p. 362, 363. Leist, *Die bonorum possessio*, t. II *b*, p. 210 et suiv Arndts, *Rechtslexicon*, V, p. 616 et suiv.

dicto Quorum bonorum non aliter possessor constitui poteris, quam si te defuncti filium esse et *ad hereditatem vel bonorum possessionem admissum* probaveris ; » mais on a senti depuis la faiblesse de cet argument, la Const. 1 étant de l'année 198, c'est-à-dire de l'époque classique, et commençant d'ailleurs par les mots « Quamvis enim bonorum possessionem ut præteritus agnovisti, » d'où ressort la preuve que les empereurs supposent une *agnitio* de la *bonorum possessio*. Restait, pour écarter cette dernière et principale objection, l'hypothèse d'une interpolation : on n'a pas manqué de la mettre en avant (Mayer, *loc. cit.*; Heimbach, *loc. cit.*), mais à tort évidemment, puisqu'en interpolant, les compilateurs se seraient mis en opposition avec les principes reçus de leur temps, où l'*agnitio* était, à n'en pas douter, une condition de l'Interdit. — La C. un., Th., *Quorum bonorum*, 4, 21, a ensuite été invoquée : on s'est fondé sur son *proœmium* qui commence ainsi : « Quid jam planius, quam ut *heredibus* traderentur quæ in ultimum usque diem defuncti possessio vindicasset. » — Mais n'est-il pas possible que l'expression *heredes* désigne à la fois les héritiers civils et prétoriens ? En tous cas, rien dans le texte n'indique qu'on n'a pas sous-entendu qu'une *agnitio* avait été faite par les successeurs dont il y est question.

Ainsi, d'une part, les textes ne fournissent pas un indice certain d'où l'on pourrait induire qu'à un moment donné la nécessité de l'*agnitio* fut supprimée, et d'un autre côté, nous savons que, non-seulement à l'époque classique, mais sous Justinien encore[1], l'Interdit

[1] Theophilus ad Inst., § 3, *De interdictis*, 4, 15. — L. 1, pr., *Quorum bonorum*, 43, 2. C. 1, *Quorum bonorum*, 8, 2. C. 2, *cod. tit.* — Cf.

fut un *beneficium* attaché à la *bonorum possessio;* il me paraît donc impossible de nier qu'il ne fallût de tout temps être *bonorum possessor* pour pouvoir intenter l'Interdit *Quorum bonorum.* Par contre, je crois que l'acquisition de la qualité de *bonorum possessor* et la faculté de se servir de l'Interdit durent marcher de pair, et qu'une fois que la *gestio pro herede* put tenir lieu de la déclaration que le successeur prétorien était précédemment obligé de faire devant le magistrat[1], ce fut aussi bien au point de vue de l'adition de l'hérédité qu'à celui de l'exercice de l'Interdit; qu'en un mot la solennité de l'*agnitio* cessa d'être en aucun cas nécessaire. Comment, en effet, aurait-on pu la justifier comme condition de l'Interdit, quand elle ne fut plus requise pour l'acceptation de la *bonorum possessio?* — Il me paraît pourtant qu'une restriction doit être apportée à ce qui vient d'être

Vangerow, *loc. cit.* — Lœhr, *Ueber das Interdictum Quorum bonorum. Archiv für civilist. Praxis*, XII, p. 99, note 52. — Leist, *Die bonorum possessio*, t. II *b*, p. 238.

[1] Je ne voudrais pas préciser l'époque exacte où ce changement eut lieu : en tout cas il se place entre les années 339 (date de la C. 9, *Qui admitti*) et 533. Justinien, en effet, se référant dans ses Institutes à cette Constitution 9, n'exige plus comme elle que l'*agnitio* soit faite *apud quemlibet judicem* (Inst. III, *De bonorum poss.*, 9, § 10). — Voy. d'ailleurs Theophilus *ad* § 10, Inst. *De bonorum poss.* C. 12, C. 19, C. 22, § 1, *De jure delib.*, 6, 30; C 14, C. 15, *De legit. hered.*, 6, 58. — Inst. III, *De legit. agnat. success.*, 2, pr. — Cf. *Scholiast. ad Basilica*, XXXIX, 1, 6 (Heimbach, *Basilicorum libri*, XL. Leipzig 1833-1848, IV, p. 8, n° 6). *Schol. ad Basil.*, *loc. cit* (Heimbach, p. 8, n° 5, p. 9, n° 1). — *Schol. ad Basil.*, XL, 1. L. 24 (Heimbach, IV, p. 58, n°s 1-2). — *Schol. ad Basil.*, XL, 9, L. 3 (Heimbach, IV, p. 88). — *Schol. ad Basil.*, XLV, 5. L. 1 (Heimbach, IV, p. 543, n° 1). — *Theodori Scholiastici Breviarium Novellarum, ad* Nov. 66, n° 1 p. 69 (Zachariæ *Anecdota*. Leipzig 1843). — *Schol. ad Basil.*, XL, 1, L. 3 (Heimbach, IV, n° 6, p 51).

dit. — Nous avons vu plus haut (*supra*, n° 43) qu'après la C. 8, *Qui admitti*, 6, 9, le *bonorum possessor* qui n'avait pas fait l'*agnitio* dans les délais du *successorium edictum* pouvait toujours être relevé de la déchéance que l'Édit lui faisait encourir, en sorte qu'il était maintenant aussi libre que l'héritier de différer son adition[1]. Eh bien ! je suis disposé à admettre qu'il devait observer strictement les délais, s'il voulait profiter de l'Interdit. Quelle cause aurait-il alléguée pour se dispenser en pareil cas d'une prompte *agnitio?* N'eût-il pas été mal venu à demander une arme rapide, un moyen sommaire d'obtenir la possession, après qu'il aurait attendu volontairement un long temps sans se prononcer? — Voilà pourquoi Justinien (Inst. III, *De bonorum poss.*, 9, § 10), et Théophile (Paraphrasis ad Inst. *De bono-*

[1] Sous Justinien, et après lui, cela devient manifeste : Dans les Novelles, la succession du droit civil et celle du droit prétorien sont appelées de noms entièrement synonymes, κληρονομία (hereditas), et διαδοχή (successio), expressions dont une seule sert même souvent à désigner à la fois ces deux espèces de successions — Voir entre autres : Nov. 15, *præf. in fine*. Nov. 22. cap. 24 ; cap. 44, §§ 7-9 ; cap. 46, §§ 1-2. — Nov. 38, cap. 2. — Nov. 40, cap 1, § 1. Nov. 51, cap. 1. — Nov. 53, cap 5. — Nov. 57, cap. 1, *in fine*. — Nov. 60, cap. 1, pr. — Nov. 61, cap. 1, § 3. — Nov. 66, cap. 1, pr. — Nov. 84, præf., § 1. — Nov. 89, præf., cap. 2-6 ; cap. 8. — Nov. 98, cap. 1. — Nov. 101, præf. — Nov. 112, cap. 1 — Nov. 117, cap. 5 et 7. — Nov. 131, cap. 9-11. — Nov. 144, cap. 2. — Nov. 166. — *Adde* : Nov. 12, cap. 2-4. — Nov. 72, cap. 2. — Nov. 68, cap. 1. — Nov. 108, præf. — Nov. 119, cap. 6 et 11. — Nov. 120, cap. 1. — Nov 136, cap. 3. — Nov. 139, præf. — Nov. 158, præf. — Nov. 159, præf., cap. 3. — Nous trouvons de même dans les Scholiastes le mot κληρονομία employé pour marquer le droit des successeurs prétoriens (*Schol. ad Basil.*, XLV, 1, L. 44. Heimbach, IV, p. 502), et réciproquement l'expression διακατοχή (*bonorum possessio*) appliquée à la vocation d'un héritier *ex jure civili* (*Schol. ad Basil.*, XLV, 1, L. 9 Heimbach, IV, p. 474).

rum poss., § 10, I, p. 600, Éd. Reitz), tout en déclarant la *gestio pro herede* équipollente à l'ancienne *agnitio*, exigent cependant qu'elle soit faite *intra statuta tempora, intra tempus congruum*, pour que le *bonorum possessor* ait le *plenum*, le *perfectissimum beneficium*[1].

[1] Les expressions *intra statuta tempora, intra tempus congruum*, ne peuvent vouloir indiquer que le *bonorum possessor* était obligé de se prononcer dans les délais, sous peine de déchéance : en effet, la C. 9, *Qui admitti*, d'où elles sont prises, a été modifiée par la C. 8, *eod.*; et Justinien déclare, § 10, *De bonorum possessione*, Inst., qu'il n'innove rien, au moins dans un sens restrictif, mais qu'il maintient, en les élargissant même, les conditions de forme et de temps dans lesquelles ses prédécesseurs avaient permis au *bonorum possessor* de faire l'*agnitio*.

Typographie de G. Silbermann, à Strasbourg.

www.ingramcontent.com/pod-product-compliance
Ingram Content Group UK Ltd.
Pitfield, Milton Keynes, MK11 3LW, UK
UKHW021123220726
13924UKWH00004B/1877